Schriftwechsel

Schriftwechsel

Eine literarische Auseinandersetzung mit Ingeborg Bachmann

Herausgegeben von Liliane Studer

Wir danken der Stadt Bern, der Konferenz der
Schweizer Städte und dem Migros Genossenschaftsbund für
die finanzielle Unterstützung

Die Deutsche Bibliothek – CIP-Einheitsaufnahme

Schriftwechsel: Ingeborg Bachmann – eine literarische
Auseinandersetzung / hrsg. von Liliane Studer. – 1. Aufl. –
Zürich; Dortmund: eFeF, 1994
ISBN 3-905493-54-3
NE: Studer, Liliane [Hrsg.]

Erste Auflage 1994
© eFeF-Verlag Zürich–Dortmund
Alle Rechte vorbehalten
Umschlagphoto: Barbara Klemm
Umschlaggestaltung: Catherine Eigenmann
Satz und Druck: Clausen & Bosse, Leck

Printed in Germany

Inhaltsverzeichnis

Liliane Studer

Ein SCHRIFTWECHSEL
zu Ingeborg Bachmann

SCHRIFTWECHSEL ist nicht nur der Titel dieses Buches mit den Texten, die neun Autorinnen zu Ehren von Ingeborg Bachmann und anläßlich ihres 20. Todestags geschrieben haben. SCHRIFTWECHSEL heißen auch die Literaturtage, an denen ausschließlich Autorinnen lesen. Die Arbeit am Projekt ‚SCHRIFTWECHSEL – Frauen und Literatur‘ begann vor sieben Jahren. Esther Spinner träumte von einem Ort, an dem Frauen ihre Texte vorstellen können. Elisabeth Kaestli, Helen Stotzer und ich ließen uns von der Idee anstecken. Die Literaturtage SCHRIFTWECHSEL sind ein Forum für Autorinnen und Leserinnen – daneben gibt es andere. Sie verstehen sich als ein Ort, an dem Frauen im Mittelpunkt sind und an dem die Literatur im Mittelpunkt ist. Dahinter steht die Überzeugung, daß Literatur eine verändernde Wirkung haben kann. „Und die verändernde Wirkung, die von neuen Werken ausgeht", schreibt Ingeborg Bachmann in ihren Frankfurter Poetikvorlesungen, „erzieht uns zu neuer Wahrnehmung, neuem Gefühl, neuem Bewußtsein."

1988 fanden die ersten SCHRIFTWECHSEL-Literaturtage in Zürich statt. Ihre Form, Lesungen von Schweizer Autorinnen mit anschließender Diskussion sowie Werkstattgespräche, vermochte nach zweimaliger Wiederholung nicht mehr so recht zu überzeugen. Eher zufällig, beim Suchen nach einem Datum im Herbst 1993, stießen wir, die Organisatorinnen der vierten Literaturtage (Brigitte Graf, Helen Stotzer und Liliane Studer), im Kalender *Berühmte Frauen* von Luise F. Pusch auf den 20. Todestag von Ingeborg Bachmann am 17. Oktober 1993. Die Texte von Ingeborg Bachmann bedeuten uns viel. Wir wollten aber nicht Bachmann-Literaturtage machen, also Lesungen mit Texten von Ingeborg Bachmann. Schon gar nicht wollten wir eine ‚Literaturdiva‘ feiern oder sonstwie eine Kultfigur in den Himmel heben. Wir stellten uns vor, daß die uns faszinierende Auseinandersetzung mit Ingeborg Bachmann auch für eine Autorin in der Schweiz spannend sein könnte.

Ingeborg Bachmann ist eine Autorin, deren Bücher viele Frauen ein Leben lang begleiten. Sie schrieb Texte, die frau nach der Lektüre nicht als erledigt betrachtet und weglegt. Sie nimmt sie vielmehr immer wieder zur Hand. Und immer neu berühren sie Bachmanns Werke – nicht nur auf angenehme Weise. Die Sprache als ein Werkzeug, das es zu nutzen gilt. Die Literatur als eine Herausforderung, Leben nicht als etwas Statisches zu betrachten, sondern sich auf das Unvorhergesehene, das andere einzulassen. Wobei, und auch das ist schwierig zu ertragen, die Art und die Richtung der Veränderungen, die in der Literatur erschrieben werden, nicht klar vorgegeben sind. Vielmehr heißt es, suchen, fragen, an die Grenzen gehen. Vielleicht Grenzen überschreiten.

Neun deutschsprachige, in der Schweiz lebende Autorinnen haben die Herausforderung angenommen, sie haben sich hingesetzt und in den Sommermonaten 1993 einen – ihren – Text von zu über mit Ingeborg Bachmann geschrieben. Wie verschieden sie die Aufgabe angegangen sind, wie unterschiedlich auch die dabei entstandenen Texte sind, zeigt das vorliegende Buch. Doch gibt es auch Gemeinsamkeiten. Alle Texte spiegeln einen Prozeß der jeweiligen Autorin wider, die Auseinandersetzung mit dem ,Vorbild' und oftmals auch den Kampf, sich von der großen Bachmann nicht überrollen zu lassen, bei sich zu bleiben und sich zu behaupten.

Bei einigen wird die Befürchtung spürbar, ohne zu wollen dazu beizutragen, den Mythos Bachmann weiter hochzustilisieren. Auf diesem Hintergrund ist Kristin T. Schniders Beitrag zu lesen, die im Buch „zwei weiße Seiten für Ingeborg Bachmann" offenläßt: Sie gibt damit den Auftrag, den sie erhalten hat, nämlich sich mit Bachmann auseinanderzusetzen, an die Leserinnen und Leser weiter. Denn sie will niemandem vorschreiben, was sie oder er zu der geschätzten Schriftstellerin zu denken habe. Es ist also eine Aufforderung, selber nachzudenken und für dieses Denken die Verantwortung zu tragen. Kristin T. Schnider macht damit auch die Schwierigkeit deutlich, andere an einem Prozeß teilnehmen zu lassen. Dieses Problem spürte Rahel Hutmacher existentiell, als sie feststellen mußte, daß ihr Text, so wie sie ihn im Oktober 1993 in Bern gelesen hatte, in erster Linie für sie von zentraler

9

Bedeutung war. Ihre genaue Beschreibung der eigenen, ganz privaten Auseinandersetzung mit Ingeborg Bachmann, die sie auf eine Reise letztlich zu sich selbst führte, war für sie wichtig als Prozeß. Und zu diesem Prozeß gehörte ebenso, sich von diesem Text zu verabschieden und im Buch acht Sätze an Ingeborg Bachmann zurückzugeben, die sie, Rahel Hutmacher, während den langen Monaten begleitet und getragen hatten.

Einen ganz anderen Zugang zu Ingeborg Bachmann fand Friederike Kretzen, die – Bachmanns Radio-Essay über Simone Weil im Kopf – der Frage nach dem Zusammenhang von Schuld und Fiktion nachgeht. Nehmen Frauen in ihren fiktiven Texten etwas von dem vorweg, was sie sich real zu leben nie trauen würden? Wodurch sie sich schuldig machen könnten? Fragen, die sich nicht so schnell und kaum einfach beantworten lassen, das macht sie so spannend und anregend.

Eine weitere Möglichkeit, sich mit der vielseitigen österreichischen Schriftstellerin auseinanderzusetzen, ist von mehreren Autorinnen gewählt worden: Sie schrieben, ausgehend von einem Text von Ingeborg Bachmann, eine eigenständige Erzählung. So Yla Margrit von Dach, Ilma Rakusa, Erika Hänni, Mariella Mehr und Elisabeth Wandeler-Deck. Es sind Texte, denen die intensive Auseinandersetzung mit der Vorlage abzulesen ist. Birgit Kempker geht ihrerseits einen ganz anderen Weg; sie zerschneidet gleichermaßen Bachmann-Texte, um so zu ihrem Kern zu gelangen, ihn zu untersuchen und damit das ehrfürchtige Schweigen gegenüber dieser großen Ingeborg Bachmann zu brechen. Sigrid Weigel, Literaturprofessorin in Zürich, stellt als ausgewiesene Kennerin den Schreib-Weg von

Ingeborg Bachmann dar und würdigt in einer Femmage deren Gesamtwerk.

„Für mich stellt sich nicht die Frage nach der Rolle der Frau, sondern nach dem Phänomen der Liebe – wie geliebt wird. Diese Frau liebt so außerordentlich, daß dem auf der anderen Seite nichts entsprechen kann. Für ihn ist sie eine Episode in seinem Leben, für sie ist er der Transformator, der die Welt verändert, die Welt schön macht." (Ingeborg Bachmann in einem Interview, Mai 1971, zu *Malina*)

Sigrid Weigel

Ingeborg Bachmann – Zwanzig Jahre nach ihrem Tod

1. Niendorf 1952: Zum Ursprung einer Dichterin aus
   der Fremdheit

„Im Jahr 1952 wußte man in Österreich so gut wie nichts
über neue deutsche Schriftsteller (...) Deutschland, das fer-
ner schien als jedes andre Land, (...) ich war noch nie in
Deutschland gewesen und ich weiß nicht, was damals die
größre Spannung ausmachte: zum erstenmal in dieses Land
zu kommen oder Furcht und Neugier oder die gemischten
Gefühle vor dem Zusammentreffen mit Menschen, von denen man noch nie den Namen gehört hatte." (4/323) [1]

Ingeborg Bachmanns Bericht über ihren ersten Besuch
bei der *Gruppe 47*, im fünften Jahr von deren Zusam-
menkünften und sieben Jahre nach dem Ende des Krieges und der Nazi-Ära, trägt vor allem Signaturen eines
Er-Staunens. Unter die Deutschen gekommen, hatte
sie, anders als Hölderlins *Hyperion*, nicht „schöne Seelen" gesucht und Barbaren gefunden, „Barbaren von
Alters her, durch Fleiß und Wissenschaft und selbst
durch Religion barbarischer geworden, tiefunfähig je-

des göttlichen Gefühls" (Hölderlin, 1 / 754). Die 26jährige war vielmehr in eine ihr befremdliche Atmosphäre des Jungseins, Lachens, der Ansteckung durch Hoffnung und Unbekümmertsein geraten. Anders als Hyperion aber schweigt sie, wenn sie ihre Verwunderung zum Ausdruck bringt, über ihre Erwartungen. Diese kommen allenfalls verschoben zur Sprache, wenn sie im Kontrast die Atmosphäre erwähnt, aus der sie selber kommt: „Es scheint, daß wir in Wien alle ziemlich wenig zu lachen gehabt haben, denn sonst wäre meine stärkste Erinnerung nicht die, eine verwandelte Ilse Aichinger zu sehen." (4 / 324) Befremden, Verwunderung, Erstaunen über diese Gruppe „neuer deutscher Schriftsteller" verdichten sich zu einem Bild schillernder Fremdheit: „und nie war ein Land exotischer als dieses Deutschland, und nie waren Leute wunderlicher als diese ‚Gruppe 47'." (4 / 325)

Der Eindruck des ‚Wunderlichen' war umgekehrt, auf der anderen Seite, mindestens ebenso stark. Hier entsprang er aber nicht, wie bei Bachmann, jenen „gemischten Gefühlen", die aus Unsicherheit, Furcht und Neugier kommen. Längst hatte sich das alljährliche Literaten- und Kritikertreffen der *Gruppe 47* – im Selbstverständnis eines hoffnungsfrohen Neuanfangs – als bedeutsame kulturelle Einrichtung und gleichsam als moralisches Gewissen der jungen Republik etabliert; längst war man, wie selbstverständlich, zu *der* Institution geworden, in der die „neuen deutschen Schriftsteller" gemacht wurden. Und die Kategorie des Neuen bestimmte sich vor allem durch das symbolische Datum 1945 und durch eine Abgrenzung gegenüber dem, was dahinter lag.

Die Verwunderung, die auf Seiten der deutschen Nachkriegsliteraten laut wurde über die fremden Stimmen, die da aus der Ferne in die Mitte der eigenen Neuanfangsstimmung eingebrochen waren, scheint also aus weniger gemischten Gefühlen gespeist gewesen zu sein. Vor Ansteckung jedenfalls glaubte man sich gefeit. Dennoch schien es sicherer, die Fremdheit der anderen als wunderbar oder wunderlich zu betrachten.

Das große Ereignis, welches die Präsenz der Stimmen Aichingers, Bachmanns und Celans in Niendorf 1952 darstellte, wird im Mythos der Gruppengeschichte wie ein Naturereignis behandelt, wobei das eigene Be-Fremden im Gestus literarischer Werturteilsbildung, dem programmatischen und manifesten Gruppenzweck, bearbeitet werden konnte. Besonders beredt ist dabei die geteilte Reaktion auf die drei: Aichinger erhält für ihre unter Formaspekten innovative *Spiegelgeschichte* den jährlich vergebenen Preis der Gruppe; Celan, der seine *Todesfuge* liest, wird als verstört (ab)qualifiziert und nicht weiter beachtet; auf Bachmann reagiert man mit Faszination, die sich ebenso auf ihre poetische Sprache wie auf ihre persönliche Erscheinung bezieht. Sie erhält den Preis der Gruppe im Jahr darauf.

Gerade der Eindruck von Unsicherem, Chaotischem, Leisem, Verlorenem, Schüchternem – so die Worte H. W. Richters – ist es, der Bachmanns Bild in der Gruppe in dieser Initiationsszene 1952 am stärksten prägt. Lange hatte niemand mehr diesen lyrischen Ton angestimmt, den man dreißig Jahre später im Feuilleton sich angewöhnen wird, den „hohen" zu nennen: „Wie Orpheus spiel ich / auf den Saiten des Lebens den

Tod /... Aber wie Orpheus weiß ich / auf der Seite des Todes das Leben." (1 / 32)

Schnell aber wird das Erlebnis der fremden Stimme verdichtet im Bild „rührender Hilflosigkeit" (Richter 1986, S. 47 f.), in einem Bild des Ewig-Weiblichen also, das man, um von ihm nicht hinabgezogen zu werden, am besten gleich auf die luftige Höhe eines Sockels erhebt. Die Fremdheit wird dabei zugleich auf etwas Vertrautes zurückgebogen, im Muster des Geschlechterdiskurses gleichsam naturalisiert.

Bei Paul Celan, den Bachmann als einen ihr Ähnlichen vorgestellt und für das Treffen vorgeschlagen hatte – „einen Freund aus Paris, der sei sehr arm, unbekannt wie sie selbst, schreibe aber sehr gute Gedichte, bessere als sie selbst" (Richter, in: Neunzig, S. 106) –, bei dem überlebenden Juden Celan kann derselbe Eindruck nicht verklärt werden. Es müßten ja die *historischen* Ursprünge seiner sogenannten Verstörtheit befragt werden – im Blick zurück auf seine Herkunft, die nicht mehr in den Signaturen des Ethnischen oder Religiösen zu beschreiben wäre, sondern in einer Topographie, in der die Spuren der Vernichtung sich mit denen der Herkunft der neuen deutschen Schriftsteller überkreuzen. Und vielleicht würden dabei auch in seiner Verstörung Spuren sichtbar, die auf die Störung verweisen, als die die Anwesenheit eines Überlebenden bei den Begründern einer Kultur des Neuanfangs empfunden wurde, als „störende Erinnerung" gleichsam.

Zudem ließ sich im Falle Bachmann die Situation in das tradierte Muster des Entdeckermythos übersetzen – ganz zufällig seien H. W. Richter bei einem Besuch im Wiener Rundfunksender einige ihrer Gedichte in die

Hände gefallen, und er habe sie daraufhin nach Niendorf eingeladen –, und sie konnte im Bild eines Paares ruhiggestellt werden, das aus männlichem Förderer und weiblichem Talent besteht.

Für Bachmann war das Treffen der *Gruppe 47* im Jahre 1952 der Ursprung einer Existenz im Bilde der bewunderten Dichterin, dessen Ambivalenz sie bis zum Tode – und darüberhinaus – verfolgen wird. Noch fünf Jahre nach ihrem Tod, anläßlich der Werkausgabe, betont ein Kritiker, der in dankenswerter Offenheit über die sonst eher verschwiegenen „Gründe einer Befangenheit" spricht, das, was er die „personale Botschaft" nennt und was „unsere Beziehung zu den Texten auf eine schwer zu kontrollierende Weise" beeinflusse, hier: „Die *Weiblichkeit* der Dichterin und ihr Sterben." (Neumann, S. 1130)

Mit dem Stichwort der Weiblichkeit wird die eigene Befangenheit der Kritik festgeschrieben und im Effekt zur Gefangenheit der Autorin und ihrer Literatur. Die ambivalenten Erfahrungen einer ‚gefeierten Dichterin' gingen womöglich ein in jene Szene des dritten Kapitels von *Malina*, die von dem geschenkten Kleid erzählt, das am Körper der Ich-Figur zum Nessusgewand wird. Auch die „Ansteckung durch Hoffnung", von der Bachmanns Bericht über ihren ersten Besuch bei den neuen deutschen Schriftstellern sprach, hat sich infolge größerer Nähe erledigt – auf dem Wege der Ent-Täuschung. 1964, nachdem sie, eineinhalb Jahre in Berlin, erstmals für längere Zeit unter die Deutschen gekommen war, hat sich das Zusammenspiel von Störung und Verstörung für sie in den Vordergrund geschoben. „An einem gestörten Ort, in einer Verstörung, die von diesen Störungen einiges aufzunehmen fähig war", sagt sie in einem Interview, nach ihrem Verhältnis zur *Gruppe 47* gefragt:

„Ich gehöre zur Gruppe 47, die aus mir unerfindlichen Gründen von allerlei törichten Legenden umwoben ist. Ich höre neuerdings, ich entnehme es jedenfalls den Zeitungen, daß die politische Aktivität, die literaturpolitische Macht womöglich, dieser Gruppe beachtenswert sein soll. Es ist mir nicht aufgefallen. Mir ist höchstens aufgefallen, daß die deutschen Schriftsteller, die sich dem Verdacht aussetzen, radikale, gefährliche Ansichten zu vertreten, fast ausnahmslos derart gemäßigt denken, daß sie sich in einem anderen Land, etwa in Italien oder Frankreich, dem Verdacht aussetzen würden, zuwenig zu denken. Ich habe es darum schwer, werde darum immer Mühe haben, trotz des Verständnisses für die Lage, in der Berlin und die beiden deutschen Staaten sind, mich hier an einem politischen Gespräch zu beteiligen." (Bachmann, in: Koschel / von Weidenbaum, S. 50)[2]

Vielleicht aber hat sich der Vorgang der Ent-Täuschung auch rascher ereignet und bereits in jenem Gedicht seinen Ausdruck gefunden, das Ende 1952, nach ihrem ersten Deutschlandbesuch, entstanden war: *Früher Mittag*. Dort sind folgende Verse zu lesen:

„Sieben Jahre später,
in einem Totenhaus,
trinken die Henker von gestern
den goldenen Becher aus
Die Augen täten dir sinken." (1 / 44)

Vielleicht hat sie auch damals schon, sieben Jahre nach Ende des Krieges und der Nazi-Ära, inmitten jener At-

mosphäre der Unbekümmertheit, Züge einer Scham-
Losigkeit wahrgenommen. „Die Augen täten dir sinken."

2. Umkehr und Erinnerung – Vom Gesang zur Schrift

Es war keine geringe poetische Tradition, in die Ingeborg Bachmann sich mit ihren Gedichten gestellt hatte,
als sie den Namen dessen nannte, der als größter Sänger
der antiken Mythologie gilt:

„Wie Orpheus spiel ich
auf den Saiten des Lebens den Tod
und in die Schönheit der Erde
und deiner Augen, die den Himmel verwalten,
weiß ich nur Dunkles zu sagen.

Vergiß nicht, daß auch du, plötzlich,
an jenem Morgen, als dein Lager
noch naß war von Tau und die Nelke
an deinem Herzen schlief,
den dunklen Fluß sahst,
der an dir vorbeizog.

Die Saite des Schweigens
gespannt auf die Welle von Blut,
griff ich dein tönendes Herz.
Verwandelt ward deine Locke
ins Schattenhaar der Nacht,
der Finsternis schwarze Flocken
beschneiten dein Antlitz.

Und ich gehör dir nicht zu.
Beide klagen wir nun.

Aber wie Orpheus weiß ich
auf der Seite des Todes das Leben,
und mir blaut
dein für immer geschlossenes Aug."

(*Dunkles zu sagen*, 1/32)

Mit Bezug auf den Orpheus-Mythos ist hier der Gesang an der Schwelle von Leben und Tod situiert, wird
der Gesang dem Tode gleichsam abgewonnen. Doch
nur im Blick nach vorn, zum Licht, mit dem Rücken
zum Totenreich, sollte der mythische Sänger in der
Lage gewesen sein, die Geliebte dem Totenreiche wieder zu entführen. Im Orpheus-Mythos ist es der Mo-
ment der Umkehr, der Blick zurück zur Geliebten und
zu den Toten, der den Gesang verstummen läßt. In
Bachmanns Gedicht, das 1952 zunächst ohne Titel
blieb und ein Jahr später – nachdem Celan daraus das
Sagen des Dunklen in seinem Zyklus *Mohn und Gedächtnis* zitiert hatte – mit dem Titel *Dunkles zu sagen* in
Bachmanns ersten Gedichtband *Die gestundete Zeit* aufgenommen wurde, bleibt das Motiv der Umkehr oder
des Sich-Umdrehens im Mythos-Zitat noch latent.
Manifest wird es in einem ihrer unveröffentlichten
Texte, der als Antwort auf Celans Büchner-Preis-Rede
über das absolute Gedicht (1960) entstanden ist, und
sein Postulat eines Gedichts, das sich an ein Gegenüber,
ein anderes wendet, aufnimmt. In diesem Prosatext mit
dem Titel *Gedicht an den Leser*, in Form der Rede an
einen Geliebten, wie sie in *Undine geht* fortgeschrieben
wird, heißt es: „Nachgehen möcht ich dir, wenn du tot
bist, mich umdrehen nach dir, auch wenn mir Versteinerung droht." (4/308)

In dieser Passage überlagern sich im Motiv des Umdrehens zwei unterschiedliche Mythen: Liebes- und Katastrophenszenario. Der Liebesszene, die den Namen *Orpheus und Euridike* trägt und in der mit der Umkehr des Sängers die Geliebte in das Totenreich zurückkehrt, dem sie entstammt, ist hier eine katastrophische Szenerie überblendet, in welcher der sich Umdrehende *selbst* versteinert; es ist die biblische Sodom-Episode, wie sie in Bachmanns Texten in den *Malina*-Entwürfen noch einmal anzutreffen sein wird:

„Ich gehorche einer alten Sprache und alten Begriffen, und ich wende mich zurück wie alle Leute, die auf das Geschehene schauen und erstarren, und vielleicht sagt Ihnen ein Engel rechtzeitig, schau nicht zurück." (3 / 552)

Doch dieser warnende Engel ist längst verstummt. Wo sein biblischer Ratschlag „Errette deine Seele und sieh nicht hinter dich" (1. Buch Mose, 19. Kap.) im Buch Moses die Gefahr der Versteinerung bannen soll, ist in der Bachmannschen Version eine Erstarrung im Angesicht des geschehenen Schreckens unvermeidbar, wenn nicht zwingend geworden. Dem Blick zurück ist bei ihr nämlich nicht nur ein Schrecken, sondern auch ein Begehren eingeschrieben, wie es im *Gedicht an den Leser* zur Sprache kommt: „mich umdrehen nach dir, auch wenn mir Versteinerung droht."[3]

Die Sprache der Liebe, die stets die Sehnsucht nach einem Vergangenen und zugleich doch noch nie Dagewesenen ausdrückt, ist in der Literatur Bachmanns untrennbar mit der Sprache der Erinnerung verbunden. An eine Errettung der Seele ist ohnehin nicht mehr zu denken, denn die ist lange unrettbar verloren, im Liebesbegehren, das die Figur der Umkehr, des Blicks zurück in einer Sphäre jenseits aller Entscheidbarkeit, fern aller Fragen der Absicht ansiedelt.

„Aber eine unstillbare Liebe zu dir hat mich nie verlassen, und ich suche jetzt unter Trümmern und in den Lüften, im Eiswind und in der Sonne die Worte für dich, die mich wieder in deine Arme werfen sollen. Denn ich vergehe nach dir." (4 / 307)

Und auch in Bachmanns Erzählungen wird, gerade umgekehrt zum biblischen Ratschlag, das Motiv des Erlösungswunsches und der Auferstehung an die Erinnerung geknüpft. „Weil Auferstehung war, / vom Tod, / vom Vergessen!" (2 / 128), wie in der Titelerzählung des Bandes *Das dreißigste Jahr* (1961) zu lesen ist. In dem Motiv der Umkehr ist die Untrennbarkeit von Erinnerung und Sehnsucht, von Rückblick und Begehren aber schon vorher thematisch geworden. Es ist die Stimme des Begehrens, die eine Haltung der Erinnerung einnehmen läßt, ohne sie aus einem moralischen Imperativ abzuleiten. Das Motiv der Umkehr markiert in Bachmanns Schreiben derart auch die Grenzen des Gesangs, mit dem sie die literarische Bühne betreten hatte. Die Grenzen einer lyrischen Sprache, in deren Topologie und Metaphern die Sehnsucht so allgemein geworden ist, daß sie sich vom Leib des Subjektes und der Geschichte gelöst hat, werden schon zu einer Zeit reflektiert, in der die Autorin ansonsten noch ganz dem Bild der Lyrikerin entspricht. In dem Hörspiel *Zikaden* (1955) stößt man auf den Satz: „Such nicht zu vergessen! Erinnre dich! Und der dürre Gesang deiner Sehnsucht wird Fleisch." (1 / 267) Als dürr wird der Gesang hier beschrieben, insofern er ohne Erinnerung und damit ohne Fleisch bleibt. Gerade aber der Aufhebung des dunklen und chaotischen Lebendigen in die geordnete Schönheit der Kunst verdankte der Gesang, der Zauber der Stimme, ja seine Entstehung, wie der Zikaden-Mythos erzählt:

„Denn die Zikaden waren einmal Menschen. Sie hörten auf zu essen, zu trinken und zu lieben, um immerfort singen zu können. Auf der Flucht in den Gesang wurden sie dürrer und kleiner, und nun singen sie, an ihre Sehnsucht verloren – verzaubert, aber auch verdammt, weil ihre Stimmen unmenschlich geworden sind." (1 / 268)

In dieser Thematisierung eines erinnerungslosen Gesangs kündigt sich 1955 bereits jener Schritt an, der gemeinhin als Bachmanns Wechsel von der Lyrik zur Prosa gewertet wird und der ihr schwer übel genommen wurde – insbesondere von jenen „neuen deutschen Schriftstellern" und Kritikern, die glaubten, sich so sehr um die Dichterin verdient gemacht zu haben.

Liest man die *Zikaden* als Hörspiel, in dem das Repertoire von Pathosformeln menschlicher Sehnsüchte, das Panorama bildgewordener Wünsche, durchquert wird, dann wird der berühmte Genrewechsel in Bachmanns Schreibgeschichte auch als Übergang vom Gesang zur Schrift lesbar. Die Erinnerung nämlich wird nicht erst in der Literatur zur Schrift. Sie ist immer schon Schrift, Einschreibung des Gewesenen im Subjekt, Spur vergangener Erregungen im Unbewußten.

3. Schrift – Erinnerungsspuren und Vielstimmigkeit

„Seh ich mich in dem Spiegel und frage, so seh ich mich verkehrt, eine einsame Schrift und begreife mich selbst nicht mehr" (4/307), schreibt Bachmann in dem *Gedicht an den Leser*, einem Textentwurf, der den Genre-Übergang schon dadurch anzeigt, daß er sich noch als Gedicht ausgibt, aber längst Prosa ist – ohne doch die dialogische Struktur des Gedichts aufzugeben: eine dialogische Struktur, in der der Andere nicht antwortet, sondern als Anderes in der Sprache des Ichs anwesend ist. So hatte Celan in der genannten Rede das Gedicht als verzweifeltes beschrieben. In die Gegenwart eines solchen Gedichts bringe „das Angesprochene und durch Nennung gleichsam zum Du gewordene auch sein Anderssein mit" (Celan, 1/198).

Dies könnte als Kennzeichnung von Bachmanns mehr als ein Jahrzehnt später publiziertem Roman *Malina* gelesen werden. In der Gegenwart des ‚heute‘, die dort als eine Zeitstruktur der Erregung und der Sehnsucht jenseits der linearen Erzählung entworfen wird, ist der Andere gleichsam in seiner Abwesenheit präsent, strukturiert er durch seine Abwesenheit eine Sprache der Dialogizität. Es ist eine Sprache, die mit keiner Antwort des Angesprochenen mehr rechnet, sondern sein Anderssein und seine Fremdheit in die eigene Sprache aufgenommen hat, in Form von Lücken, Brüchen und Zäsuren. Am deutlichsten zeigt sich diese Sprache in den sogenannten Telefonsätzen im ersten Kapitel des *Malina*-Romans *Glücklich mit Ivan*.

Diese Anwesenheit des Anderen in der Stimme des Ichs verwandelt dessen Sprache in Schrift, in einen Text, in dem verschiedene Stimmen hörbar werden: Polyphonie. Die verschiedenen Stimmen, die den Roman strukturieren, sind nicht Stimmen im Sinne der Lyrik, auch nicht redende Stimmen, die – wie im Gespräch – jeweils unterschiedlichen Personen zuzuordnen wären; sie sind nicht mit einzelnen Figuren zu identifizieren. Die Polyphonie des Romans betrifft das Zugleich des einen und des anderen, der Vernunft und der Erregung, des Wissens und des Begehrens, des Sehnsuchts-Jas und des Überlebens-Neins, sie betrifft das Zugleich der Erzählung und der Erinnerung, des Männlichen und des Weiblichen, des Jetzt und des Gewesenen – ohne daß aber die darin jeweils enthaltenen Unvereinbarkeiten in dem Zugleich versöhnt wären.

Doch eine Schrift, die *innerhalb* der Erzählung Einbruchsstellen für die Sprache des Unbewußten offenhält – „Einbruchsstellen für das sich Zeigende", wie es im Wittgenstein-Essay hieß – diese Schrift steht nicht am Anfang von Bachmanns Prosa. Im Zentrum der Titelerzählung des Bandes *Das dreißigste Jahr* (1961), der als Beginn ihrer absoluten Prosa gelten kann, stand die Entdeckung der „Fähigkeit, sich zu erinnern" (2/94). Es ist eine Fähigkeit, die in der Genealogie der Bachmannschen Texte an die Entstehung der Erzählung (als Prosaschrift) gebunden ist und dabei doch in Widerspruch treten wird zur Struktur der Erzählung (als narrativer Ordnung).

„Ich muß erzählen. Ich werde erzählen. Es gibt nichts mehr, was mich in meiner Erinnerung stört." (3/23) Und: „Ich will nicht erzählen, es stört mich alles in meiner Erinnerung." (3/27) Mit dieser unauflösbaren Paradoxie, die der Komposition des Romans *Malina* zugrunde liegt, hat der Satz aus dem Orpheus-Gedicht, „ich weiß nur Dunkles zu sagen", seine Gültigkeit behalten. Doch ist das „Dunkle" nun in seiner ihm innewohnenden Logik erkennbar geworden. Statt im Gestus der Sprachkritik über das „Unaussprechliche" zu reflektieren, ist dies nun als spezifische Sprache, als Schrift des Anderen oder als andere Schrift erkennbar und lesbar geworden: als Anwesenheit des Anderen, des Verdrängten und des Ausgeschlossenen *in* den etablierten Redeweisen, als Anwesenheit allerdings, die in spezifischen Formen erkennbar wird: in den Entstellungen und Symptomen, in den Erinnerungsspuren und in den Lücken. „Damals fing ich auch an, alles, was ich las, entstellt zu lesen" (3 / 209), wie die Stimme des Ichs Malina gegenüber ihre an den Traumbildern erlernte Leseeinstellung erläutert.

Auch wenn die *Entstehung* dieser anderen Schrift im Dunkeln bleibt, auch wenn die Erinnerungsspuren in ihrem *Ursprung* nicht erkannt werden können, wie die Tunnel-Passage am Anfang des Franza-Romans deutlich macht, so kann diese Schrift doch gelesen werden, so kann sie durch eine bestimmte Haltung zur Lesbarkeit gelangen.

„Wenn ein Zug durch den Semmeringtunnel fährt, wenn die Rede davon ist, daß er nach Wien fährt, etwas genannt wird, eine Stadt, die so heißt, und ein Ort, der Galicien heißt, wenn von einem jungen Mann die Rede ist, der sich ausweisen können sollte als ein Martin Ranner, aber ebensogut Gasparin heißen könnte, und man wird sehen, wenn nicht überhaupt noch ganz anders – wenn also… Und da sich beweisen läßt, daß es Wien gibt, man es aber mit einem Wort nicht treffen kann, weil Wien hier auf dem Papier ist und die Stadt Wien immerzu woanders, nämlich 48° 14′ 54″ nördlicher Breite und 16° 21′ 42″ östlicher Länge, und Wien hier also nicht Wien sein kann, weil hier nur Worte sind, die anspielen und insistieren auf etwas, das es gibt, und auf anderes, das es nicht gibt, schon einmal diesen bestimmten Zug nicht, der durch den genannten Tunnel fährt, und nicht den jungen Mann, der in dem Zug durch den Tunnel fährt – was ist dann? Obwohl die Zugauskunft zugeben würde, daß hier (wo hier?) jeden Tag Züge durch den Tunnel fahren und auch nachts, aber diesen hier könnte sie ja nicht zugeben, den hier auf dem Papier: dann kann also kein Zug fahren und niemand darin sein, dann kann das Ganze nicht sein und auch nicht: er dachte, las, rauchte, schaute, sah, ging, steckte ein Telegramm weg, später: er sagt – dann kann doch niemand reden, wenn es alles zusammen nicht gibt. Nur das Wortgeröll rollt, nur das Papier läßt sich wenden mit einem Geräusch, sonst tut sich nichts, wendet sich nichts, wendet sich keiner um und sagt etwas. Wer also wird etwas sagen und was sich zusammensetzen lassen aus Worten – alles, was es beinahe gibt, und vieles, was es nicht gibt. Das Papier aber will durch den Tunnel, und eh es einfährt (aber da ist es schon eingefahren!), eh es, da ist es noch unbedeckt mit Worten, und wenn es herauskommt, ist es bedeckt und beziffert und eingeteilt, die Worte formieren sich, und mitgebracht aus der Finsternis der Durchfahrt (bei nur blauer Lampe) rollen die Einbildungen und Nachbildungen, die Wahnbildungen und Wahrbildungen ans Licht, rollen heraus aus einem Kopf, kommen über einen Mund, der von ihnen spricht und behauptet und es verläßlich tut wegen des Tunnels im Kopf, aber auch dieser Tunnel ist ja nicht da, ein Bild nur, von Zeit zu Zeit unter einer bestimmten Schädeldecke, die aufzuklappen auch wenig Sinn hätte, denn da wäre noch einmal nichts, keiner der beiden Tunnel.

Was also soll das? Und ein Exkurs, während ein Zug durch

den Semmering-Tunnel fährt, müßte enden damit, daß es sich bei dem Zug, aber allem anderen ebenso gut, um einen Irrtum handelt, und nun kann der Zug unserthalben fahren, indem von ihm geschrieben, gesprochen wird, er wird jetzt fahren, weil auf ihm bestanden wird. Denn die Tatsachen, die die Welt ausmachen – sie brauchen das Nichttatsächliche, um von ihm aus erkannt zu werden." (3/345 f.)

Diese Tunnel-Passage kann als allegorische Darstellung des Schreibens verstanden werden, als Allegorie einer Literatur jenseits aller Realismuskonzepte, wie sie zu gleicher Zeit, Mitte der 60er Jahre, gerade wieder populär wurden. Daß diese andere Schrift an einem nicht-sichtbaren Ort entsteht, bedeutet aber nicht, daß sie sich der Lesbarkeit verschließt. Die Tunnelfahrt von Franzas Bruder – in der Hand ihre Schrift, die er glaubt, wie Hieroglyphen entziffern zu müssen – führt ihn als Übersetzer und Erzähler ihrer Geschichte ein, die sie selbst zu erzählen nicht in der Lage ist. Diese Tunnelfahrt geht in eine Passage des Papiers über, die als Entstehung einer Schrift gekennzeichnet wird, der Strukturen des Unbewußten eignen: Einbildungen, Nachbildungen, Wahnbildungen, Wahrbildungen.
Die derart gekennzeichneten sprachlichen Gebilde sind aber nicht als mißglückte Verzerrungen einer wirklichkeitsgetreuen Abbildung zu verstehen. Als Entstellungen dagegen beschreiben sie genau jene Figur, die jeder Darstellungsform eignet, an der die Sprache des Unbewußten beteiligt ist. Überhaupt nur von diesen Gebilden aus wird für Bachmann die Welt der Tatsachen erkennbar. „Denn die Tatsachen, die die Welt ausmachen – sie brauchen das Nichttatsächliche, um von

ihm aus erkannt zu werden." (3/346) Im unvollendet gebliebenen Roman *Der Fall Franza* entdeckt Franziska Jordan selbst eine von ihr zuvor mißachtete Möglichkeit solcher Erkennbarkeit. Es sind die Vorstellungen, die ihr von ihren Träumen vorgeführt werden: „Deine flottierende Angst, für die du keinen Grund weißt, spielt dir eine Geschichte vor, daß dir Hören und Sehen vergeht." (3/412)

„[...] Früher habe ich nie geachtet auf die Träume, und sie waren vielleicht auch nicht viel mehr, bevölkert und bewandert eben und gefärbt manchmal, aber jetzt, wie quälend, weil es nichts Fremdes ist, es gehört zu mir, ich bin zu meinen eigenen Träumen gekommen, meine Tagrätsel sind größer als meine Traumrätsel, du merkst dann, daß es keine Traumrätsel gibt, sondern nur Rätsel, Tagrätsel, unverlautbare chaotische Wirklichkeit, die sich im Traum zu artikulieren versucht, die dir manchmal genial zeigt, in einer Komposition, was mit dir ist, denn anders würdest du's nie begreifen, und dann pfuscht dein Träumen, dann dilettiert es, dann kommt es mit nichts zurecht, ein schlechter Dramatiker, dem die Akte auseinanderbrechen, die Motive sich verwirren, dem der Held zu früh stirbt, der die Personen aus einer früheren Szene mit einer späteren verwechselt, plötzlich aber nimmt sich dein Traum zusammen und tut den großen Wurf, ein Shakespeare hat ihm die Hand geliehen, ein Goya ihm die Bühnenbilder gemalt, er hebt sich aus den Niederungen deiner Banalität und zeigt dir dein großes Drama, deinen Vater und einen Gesellen, der Jordan heißt, in einer Person, und ebenbürtig einer großen Figur fängt der Hymnus an, die ersten unterirdischen Querverbindungen, die Alten sind immer dabei, deine Mutter, an die du nie denkst, lehnt an jeder Wand, deine flottierende Angst, für die du keinen Grund weißt, spielt dir eine Geschichte vor, daß dir Hören und Sehen vergeht, jetzt erst weißt du, warum du dich ängstigst, und so sah ich auf einen Friedhof, beim Sonnenuntergang, und in dem Traum hieß es: das ist der Friedhof der Töchter. Und ich sah auf mein eigenes Grab hinunter, denn ich gehörte zu den Töchtern, und mein Vater war nicht da. Aber ich war seinetwegen gestorben und hier begraben. Weißt du vielleicht in diesen wachen Zuständen etwas von einem Friedhof der Kinder, und an wem du stirbst? Das erfährst du nie, denk nach, soviel du kannst, darauf kommst du nie, und wenn du es durch dich selber auf diese Weise erfährst, bei der Fahrt durch den Tunnel, in der Nacht, dann weißt du, es ist wahr. Das ist es." (3/411 f.)

Diese Traumpassage kann als Ursprungsmoment der Schreibweise von *Malina* gelesen werden, jenes Romans, für dessen Komposition das Traumkapitel zentral ist. Zentral, nicht weil es die Mitte des Romans ausmacht und von Bachmann selbst als dessen Herzstück bezeichnet wurde. Die Erkennbarkeit der Traumbilder erfordert eine Haltung der Lektüre, die nicht auf Botschaften, Erklärungen und eindeutige Antworten aus ist, eine Lektürehaltung, die Bilder nicht in eindeutige Begriffe übersetzt, sondern sie sich zeigen läßt. In den Dialogen, die die Serie der Traumbilder unterbrechen, läßt die Autorin die Stimmen Malinas und der Ich-Erzählerin um eine solche Haltung streiten. In diesen Dialogen, in denen er die Gesprächsführung übernimmt und sie zur Deutung jener Episoden und Bilder veranlassen will, die ihr im Traum gezeigt worden sind, stellt Malina Warum- und Wer-Fragen und verlangt klare Urteile über ihre Position, während sie eine Betrachtungsweise vertritt, die die Sprache des Traums in ihrer Vieldeutigkeit beläßt und derart auch freihält von moralischen und Schulddiskursen: „Nicht einmal einen Grund, da jeder hinfällig geworden ist." (3/208)

Diese Dialoge situiert Bachmann am Übergang zwischen Traum und Wachen, zwischen Bewußtsein und Unbewußtem und organisiert diesen Übergang als eine Konstellation des Widerstreits. In *nuce* hat sie darin die Komposition des gesamten Romans gestaltet: die „verschwiegenen Erinnerungen" der Ich-Stimme reichen in die Sprache und Bilder des Unbewußten, während Malina als überlegener Meister der Erzählung erscheint; und im Gespräch, in der Zone des Übergangs, berühren und begegnen beider Sprachen und Vorstellungen einander und bilden dabei einen mit Konflikten und Mißverständnissen geladenen Widerstreit.

„Ich wollte erzählen, aber ich werde es nicht tun. (mesto) Du allein störst mich in meiner Erinnerung. (tempo giusto) Übernimm du die Geschichten, aus denen die große Geschichte gemacht ist. Nimm sie alle von mir." (3/332)

Dies wird sie ihm im dritten Kapitel, kurz vor ihrem Verschwinden in der Wand sagen. Malina, der Überlebende, wird damit zum Erzähler der großen Geschichte, in diesem Falle des Romans *Malina*, der großen Geschichte, die allerdings auf ihre Geschichten ebenso angewiesen ist, wie sie überhaupt erst aus deren Verschwinden, dem der Geschichten und dem der erregten Stimme des Ichs, entstehen kann.

Die Lektürehaltung aber, die von der Ich-Stimme vertreten wird, betrifft nicht nur die Erkennbarkeit der Traumbilder, sondern die Lektüre der Schrift überhaupt. Im Romanfragment *Franza* hatte Bachmann ihre Haupt-Figur diese Lektürehaltung, eine Haltung, die Lesbarkeit ermöglicht, in der Wüste erlernen lassen:

„Sie lernte die Zeichen leicht lesen. Nie war eine Geschichte, von der sie nichts gewußt hatte, leichter zu erlernen gewesen, hier stand ja alles, keine Botschaft, aber eine Geschichte." (3 / 435)

Franza wird beschrieben als eine, die auf ihrer Reise durch die Wüste diese Fähigkeit zur Lektüre erlernt, eine Fähigkeit, die zur Lesbarkeit der Gedächtnisspuren nicht nur des Jüngstvergangenen, sondern auch des Längstvergangenen führt, das – indem es weit zurückliegt – nicht weniger gegenwärtig ist. „Für sie war das nicht Stein und nicht Geschichte, sondern, als wäre kein Tag vergangen, etwas, das sie beschäftigte." (3 / 437)
Die Gegenwärtigkeit des Vergangenen, die die Lesbarkeit der Geschichtsbilder hervorbringt, geht dabei durch den Körper Franzas hindurch. Mit Walter Benjamins Worten könnte man sie als „leibhaftige Geistesgegenwart" bezeichnen. Sie entspringt den Entsprechungen zwischen den Erinnerungsspuren des Subjekts und den Spuren des Gewesenen, die in der äußeren Topographie sichtbar werden. Diese Korrespondenzen erklären die Schreibweise des Wüstenkapitels, in der die Reise durch die Wüste zugleich als Reise durch Franzas Krankheit beschrieben wird, eine Reise, auf deren Stationen die Einschreibungen einer Zerstörungsgeschichte gleichsam durchquert, wiederholt und in ihrer Wirkung unterbrochen, d. h. dekomponiert werden. „Die Wiederholung. Die Stellvertretung." (3 / 467)
Diese Schreibweise hat Bachmann an jenem „gestörten

Ort" erarbeitet, an dem sie sich länger aufgehalten hatte, „in einer Verstörung, die von diesen Störungen einiges aufzunehmen fähig war" (GuI 49), während ihres Aufenthaltes in Berlin. Die Schreibweise ihres Berlin-Textes *Ein Ort für Zufälle* (1964), aus dessen Vorarbeiten auch die ersten Entwürfe zum Franza-Roman entstanden sind, entwirft eine Dramaturgie, die sich gegenüber der von Franzas Wüstenreise genau verkehrt herum darstellt. Der Berlin-Text entwirft eine Serie variabler Krankheitsbilder von Berlin, in denen Bilder aus der verdrängten Geschichte der Stadt zurückkehren. Darin gestaltet Bachmann die Topographie Berlins als Symptomlandschaft, in der im kulturellen Gedächtnis der Stadt die Krankheitsbilder als Erinnerungssymbole lesbar werden: lesbar aufgrund einer spezifischen Belichtung oder Haltung, einer Einstellung auf Krankheit:

„Die Beschädigung von Berlin, deren geschichtliche Voraussetzungen ja bekannt sind, erlaubt keine Mystifizierung und keine Überhöhung zum Symbol. Was sie erzwingt, ist jedoch eine Einstellung auf Krankheit, auf eine Konsequenz von variablen Krankheitsbildern, die Krankheit hervorruft. Diese Einstellung kann jemand nötigen, auf dem Kopf zu gehen, damit von dem Ort, von dem sich leicht hunderterlei berichten ließe, dem aber schwer beizukommen ist, Kunde gegeben werden kann. Ein Kundschafter ist ein Ortsfremder – er ist somit im Vorteil und im Nachteil. Seine Darstellung ist ihm ganz und der Sache nie angemessen. Aber Darstellung verlangt Radikalisierung und kommt aus Nötigung." (4/279)

Die leibhaftigen Krankheitsbilder der Berliner Stadttopographie weisen schon auf das Motiv der „Spätschäden" deutscher Geschichte voraus, das die Autorin in *Franza* thematisiert und dort unmittelbar mit den Beschädigungen eines weiblichen Subjekts korrespondieren läßt.[4] Insofern stellt *Ein Ort für Zufälle* auch eine Art Poetologie für das *Todesarten*-Projekt dar. Auch dort ist die Erinnerung nicht Programm, sondern unausweichlich. Sie kommt, wie Bachmann in der Erzählung *Das dreißigste Jahr* formuliert hatte, aus „einem schmerzhaften Zwang" (2/94).

Anmerkungen

1 Bachmann-Zitate nach der vierbändigen Werkausgabe (München 1978) nur unter Angabe von Band- und Seitenzahl.
2 Ingeborg Bachmann, Wir müssen wahre Sätze finden, Gespräche und Interviews, hg. von Christine Koschel und Inge von Weidenbaum, München/Zürich 1983. Weitere Zitate im Text mit GuI und Seitenzahl.
3 Zu diesem Zusammenhang bei Bachmann vgl. Sigrid Weigel, Zur Polyphonie des Anderen – Traumatisierung und Begehren in Ingeborg Bachmanns imaginärer Autobiographie *Malina*. In: Bilder des kulturellen Gedächtnisses, Beiträge zur Gegenwartsliteratur, Dülmen 1993.
4 Vgl. dazu ausführlicher Sigrid Weigel, Stadt ohne Gewähr, Topographien der Erinnerung in der Intertextualität von Bachmann und Benjamin. In: Bilder des kulturellen Gedächtnisses (wie Anm. 3).

Literatur

Ingeborg Bachmann, Werke in vier Bänden, München 1978

Ingeborg Bachmann, Wir müssen wahre Sätze finden, Gespräche und Interviews, hg. von Christine Koschel und Inge von Weidenbaum, München / Zürich 1983

Paul Celan, Gesammelte Werke in fünf Bänden, hg. von Beda Allemann und Stefan Reichert, Frankfurt a. M. 1983

Friedrich Hölderlin, Sämtliche Werke und Briefe, hg. von Michael Knaupp, München 1992

Peter Horst Neumann, Vier Gründe einer Befangenheit, Über Ingeborg Bachmann, in: Merkur 32 (1978)

Hans A. Neunzig (Hg.), Hans Werner Richter und die Gruppe 47. München 1979

Hans Werner Richter, Im Etablissement der Schmetterlinge, Einundzwanzig Portraits aus der Gruppe 47, München 1986

Sigrid Weigel, Bilder des kulturellen Gedächtnisses, Beiträge zur Gegenwartsliteratur, Dülmen 1993

Birgit Kempker

Du sollst nicht sein
von und zu Ingeborg Bachmann

Der Schreck beginnt, wenn sich das Symbolische und das Nicht Symbolische nicht unterscheiden, wobei der Schreck nie beginnt, sondern da ist, von Anfang an, der Schreck ist das, was uns aufwachsen läßt, wach auf, sagt der Schreck, der Schreck beginnt mit dem Leben, das Leben bezahlt mit dem Leben selbst, also ist das Leben ein Leben zum Tode und weil das Leben selbst in der Liebe drin lebt, ist die Liebe, als das Größere des Lebens, als das Gefäß um das Leben herum, als das Gefängnis des Lebens, seine Geburt und sein Licht, ist das Leben also doppelt eine Liebe zum Tod.

Die *Todesarten* der Ingeborg Bachmann, das sind Lebensarten, also Liebesarten, so fängt an, wer dies zu Ingeborg Bachmann schreiben will und sich sofort fragen muß, wer ist das, was schreibt.

Haltet Abstand, schreibt Ingeborg Bachmann, eine Warnung, mit der nicht zu spaßen ist, fürchte ich und ich fürchte, seit ich diese Sätze hier zu Ingeborg Bachmann zugesagt habe, sie zu schreiben, das Schreiben davon und die Sätze.

Teile ich das Ich, das hier zu Ihnen spricht, lieber gleich, dachte ich, ehe es sich von selbst teilt, was dieses Selbst ist, dachte ich lieber nicht und legte Stimmen an, die gegeneinander und zusammen laufen, väterliche, schwesterliche, brüderliche, mütterliche, alles geliebte Iche und Geliebte, ein Drama also und also dramatisiere ich, dachte ich und dann: erst mal nicht.

Die Flucht liegt jetzt sicher vor, ich kann sie greifen, wenn ich will, da ich aber mit dem Schreck begonnen habe, verfolge ich ihn weiter, damit er mich nicht verfolgt, soviel zu Opfer und Täter.

Der Schreck beginnt, so fängt das Schreiben zu Ingeborg Bachmann an und ich frage mich und dabei lieber nicht, welches ich ich genau damit frage, frage mich also ungenau, welche Instanz das ist oder sein kann, die etwas über, zu, mit, gegen oder parallel und in welcher Distanz denn zu Ingeborg Bachmann dies schreibt und schreibe, daß es diesen Ort, von dem aus sich etwas in Richtung Ingeborg Bachmann sagen ließe, so nicht gibt, weil es Ingeborg Bachmann so nicht gibt, die von sich sagt, sie lebe nur im Schreiben, sonst sei sie sich fremd und verloren, wo ist dieser Ort, wo geschrieben wird, was leben heißt und wo ist er nicht und was heißt denn Instanz? Was Instanz mit Instandsetzen verbindet, das sind Häuser. Schon sitz ich drin, ich bin dran, denn das schreibende Ich gibt es nicht, also schreibe ich, schreibe ich, der Schreck beginnt, spätestens hier heißt Schreiben natürlich Schreien.

„Öfters verriß es sie, sie versuchte es ihm zu erklären, es geht ein Strom durch meinen Kopf, tausend Volt stark. Ist tausend Volt viel? Dann reißt es mich, der Blitz schlägt bis zu den Füßen durch" lese ich im *Fall Franza*.

Franziska reist mit Bruder Martin nach Ägypten, dort, sie geht allein die Pyramide entlang, kommt ein Weißer auf sie zu, fummelt an sich rum und erinnert Franziska, das heißt, er wirft sie zurück in die Bibliothek ihres Mannes, Jordan, das Fossil, der sie zum Fall gemacht und tötlich erschreckt hat: „Schnitt er wollte mich nur erschrecken, und in Wien, er auch, er wollte mich nur erschrecken, immer erschrecken, ich bin zu gut erschrocken, schon damals, sie brauchen es, sie machte die Zeitschriften und Nachschlagewerke in Wien auf und ging an der Bibliothek entlang Schnitt damals schon hätte sie nachsehen und denken sollen, sie war aber nur an der Bibliothek kleben geblieben mit abgewendetem Kopf und hatte zu ihm gesagt, nein. Nein. Laß mich aus dem Zimmer gehen, und er hatte sie, als sie sich lösen wollte, wieder an die Bibliothek mit den harten Kanten gestoßen und das getan, nicht um diese Franziska zu umarmen, sie, die dort in Wien seine Frau war, wie hatte sie das so ganz vergessen können, den Stoß, vor allem daß es darum gegangen war, sie zu erschrecken, tausend Volt Schrecken, die Wiederholung, vor dem Ermordetwerden Schnitt Sie hörte den Sand hinter sich rieseln, sie wandte sich um und wußte schon, ehe sie ihn sah, daß der Mann zurückgekommen war Schnitt Der Mann packte sie von hinten Schnitt sie fiel gegen die Steinwand Schnitt dann stieß er ihr noch einmal den Kopf gegen das Grab, und sie hörte keinen Laut aus sich herauskommen, aber etwas in sich sagen: Nein. Nein. Die Wiederholung. Die Stellvertretung Schnitt Ihr Denken riß ab, und dann schlug sie, schlug mit ganzer Kraft, ihren Kopf gegen die Wand in Wien und die Steinquader von Gizeh und sagte laut, und da war ihre andere Stimme: Nein. Nein."

„Wie hatte sie sich zutodegestürzt", fragt sich Bruder Martin, der den Sturz, nämlich den Fall Franziskas und ihren Tod so nicht begreifen kann.

Wie komme ich zu diesem Sturz? Ich wollte Ihnen von keinem dieser Morde erzählen, ich mag diese Morde nicht und erst recht nicht die Ermordung weiblicher Personen, das Ich, von dem ich lese, wenn ich Ich lese, ist es immer auch das eigene Ich, eine Möglichkeit Ich zu sein, die stirbt, wenn dieses Ich stirbt, natürlich sterben jede Sekunde, die ich mir Ichs denken kann, die ich sein könnte, diese mir unter den Händen weg, wenn ich sie zugunsten anderer Ichs, die ich sein kann, die ich sein könnte, fallen lasse, die ich auch nicht bin, der liebe Möglichkeitssinn, das mache ich selbst, ich werde nicht gerne von anderen ermordet, auch nicht in Stellvertretung. Schon bin ich beim letzten Satz von *Malina*. „Es war Mord."

Schon schneide ich Ihnen aus den Träumen des Ichs aus *Malina* Sätze zusammen, Sätze vom Tod, vom Strom, vom Vater, Kriminalgeschichtsätze.

„Schnitt in meiner Todesangst laufe ich auf den Zaun zu und klettere hinauf, es ist die Rettung, es wäre die Rettung, aber oben am Zaun verfange ich mich, es ist Stacheldraht, es sind Stacheln, mit 100 000 Volt geladen, die 100 000 Schläge, elektrisch, bekomme ich, mein Vater hat die Drähte geladen, in alle meine Fasern rasen die vielen Volts. Ich bin an der Raserei meines Vaters verglüht und gestorben Schnitt Mein Vater läßt den See über die Ufer treten, damit nichts herauskommt, damit nichts zu sehen ist, damit die Frauen über den Gräbern ertrinken, damit die Gräber ertrinken, mein Vater sagt: Es ist eine Vorstellung: WENN WIR TOTEN ERWACHEN. Schnitt Vorstellung? Ich kenne keine Vorstellung, ich habe keine Vorstellung, aber es muß eine Vorstellung gewesen sein Schnitt Ich habe nur die Wahl, von ihm zerrissen zu werden oder in den Fluß zu gehen, wo er am tiefsten ist. Ich bin vor dem Schwarzen Meer im Rachen meines Vaters verschwunden Schnitt ziehe ihm, was mir gehört, aus seinem schläfrigen, gefährlichen Rachen, auch den Schlüssel möchte ich wiederhaben und will schon lachen, ihn von dem Krokodilszahn nehmen und weitertanzen, aber mein Vater nimmt mir den Schlüssel. Mir bleibt die Stimme weg, ich kann nicht mehr rufen: Ivan, hilf mir doch, er will mich töten. An dem größten Zahn von dem Krokodil hängt noch ein Brief von mir Schnitt mein geliebter Vater, du hast mir das Herz gebrochen. Krakkrak Schnitt ich will nur den Satz vom Grunde schreiben Schnitt er möchte mir meine Sätze abschauen und sie mir nehmen Schnitt ich habe die Worte im Satz vom Grund verborgen, der vor meinem Vater für immer sicher und geheim ist, so sehr halte ich den Atem an. Es hängt mir die Zunge weit heraus, er kann aber kein Wort darauf lesen Schnitt man will mir die Zunge nässen, damit die Sätze auf ihr zu finden sind Schnitt aber dann findet man nur drei Steine neben mir Schnitt Der erste rötliche Stein, in dem immerzu junge Blitze zucken Schnitt sagt: Staunend leben. Der zweite blaue Stein, in dem alle Blaus zucken, sagt: Schreiben im Staunen. Und ich halte schon den dritten weißen strahlenden Stein in der Hand Schnitt da wird es so finster in der Zelle, daß die Botschaft von dem dritten Stein nicht laut wird Schnitt Mein Vater hat jetzt auch das Gesicht meiner Mutter. "

Sie hören: Gewalt, auch meine, das Schneiden der Sätze, das Zerstückeln und Zusammenfetzen für den Gebrauch, das Einverleiben in eine andere, eigene Geschichte, wenn es denn eine andere, eigene Geschichte ist und gibt, ich erliege hier der Verführung, die von den Texten und den Figuren der Ingeborg Bachmann ausgeht, lösch mich aus, mach mich fertig, ich will schreien, sagen sie, was ja schreiben ist, liebe mich, sagen sie, was ja lesen ist, töte mich, sagen sie, was ja lieben ist und ich schlüge liebend gerne, auch in Stellvertretung, auch in Liebe natürlich, in Wirklichkeit aber bin ich mehr verführt, als ich dachte, nämlich gar nicht verführt, ich hätte mich Ihnen hier fast als Opfer der Verführung durch die Texte und Figuren der Bachmann zum Beklagen angeboten, Abstand, sagt Bachmann, jawohl, sage ich.

Schon wieder zitiere ich, es gibt keine Zitate, sagt Bachmann, „sondern die wenigen Stellen in der Literatur, die mich immer aufgeregt haben, die sind für mich das Leben". Also erzähle ich Ihnen etwas aus dem Leben, nämlich aus dem Entwurf eines kleinen Textes *Das Gedicht an den Leser*. Und weil lesen lieben ist, ist es ein Liebesgedicht.

„Was hat uns voneinander entfernt? Schnitt Aber eine unstillbare Liebe zu dir hat mich nie verlassen, und ich suche jetzt unter Trümmern und in den Lüften, im Eiswind und in der Sonne die Worte für dich, die mich wieder in deine Arme werfen. Denn ich vergehe nach dir Schnitt Du bist mein Ein und mein Alles. Was möcht ich nicht alles sein von Dir! Nachgehen möcht ich dir, wenn du tot bist, mich umdrehen nach dir, auch wenn mir Versteinerung droht, erklingen möcht ich Schnitt"

Dann erzähle ich Ihnen aus einem anderen Leben, aus meinem Leben mit Arni, Arnhold Schwarzenegger, wenn Sie wissen, was ich meine, ich habe es auch nicht geglaubt, das kann doch nicht wahr sein, dachte ich, als sich Arni in mein Leben einzumischen drohte. Dann glaubten es auch Menschen aus meinem Leben, so Fritz, die mir aus London Zeitungsseiten rupfte und schickte, in denen von Arni und seiner Familie zu lesen war, wie sie alle in einer Reihe im Kino vor Walt Disneys *Pinocchio* sitzen, Katherine, die dreijährige Tochter auf Papas Schoß, was sie nicht hinderte, wirklich nicht, sich trotz Papas Schutz zu fürchten und zu jammern. Arnhold sagt mit seiner ganz unglaublichen Stimme in seinem ganz unglaublichen amerikanisch: „Don't vorry. It's only a movie. It von't hurt you. It can't hurt you. Don't vorry I'm right here and I vill protect you."

Bei mir hätte es geholfen, doch hier half es nichts, der Vater trug das schreiende Kind aus dem Saal. Noch lieber als Katherine aber wäre ich Danny gewesen, oder Austin O' Brien, der in *Last Action Hero* als Danny mit dem magischen Ticket des Zauberers Houdini zu seinem Lieblingshelden Jack Slater in die Leinwand, ins Kinoleben steigt und dort mit Arni, der dort Jack Slater ist, Dutzende von Wagen zermalmt, Legionen von Bösewichten trotzt, weil das Böse im Kinoleben immer untergeht und das Gute, Jack Slater, immer siegt. Als die Bösen im Film das magische Ticket erwischen und aus dem Film nach New York, ins Leben also, aussteigen, wird es gefährlich, denn im Leben kann das Böse siegen. So steigen Jack Slater und Danny dem Bösen nach ins Leben und das hätte Jack Slater fast das Leben gekostet.

Jack Slater und nicht sein Darsteller Arnhold Schwarzenegger ist es, den Danny, der vaterlose Danny Madigan natürlich und natürlich gibt es auch das Techtelmechtel zwischen Jack Slater und Witwe Madigan die ganze Nacht bis zum Frühstück, Jack Slater ist es, den Danny heißer liebt als sonst was im Leben. Danny gelingt es, den geliebten Freund kurz vor seinem wirklichen Tod im wirklichen Leben, wo er das Böse nicht besiegt, wo es ihn schmerzt, mit der Faust in Scheiben zu schlagen, wo sein Blut wirklich fließt, wo er fast gestorben wäre, aus dem Leben mit Danny raus und mit Hilfe der anderen Hälfte des Tickets ins Reich der Filme hinüber zu retten, so, wie Jack Slater Danny im Filmleben rettet.

Auch für Jack Slater ist Danny die große, wohl einzige Liebe in seinem Leben, seiner Filmtochter ist er zwar, doch auf coole Heldenweise zugetan, Frauen hat er nicht und da kauern die beiden und müssen sich trennen, das zieht einem fast die Unterhose aus, das schwöre ich, Jack Slater und Danny müssen getrennt sein, in verschiedenen Leben leben, denn um dort jeweils zu leben, brauchen sie den anderen, im anderen Leben, dieser Schmerz ist ein Schock und umgekehrt und gilt für alle, die da, wo sie lieben, nicht leben und umgekehrt.

Der Schreck beginnt und weil er immer wieder beginnt, beginnt er nie, er ist immer da, von Anfang an, der Schreck beginnt, habe ich zu Anfang geschrieben, wenn sich das Symbolische und das Nicht Symbolische nicht unterscheiden, wenn sie nicht zu trennen sind, wenn sie zusammenfallen, wenn sie ineinanderfallen, wenn sie miteinander geschnitten sind, wie ist das vorstellbar?

Wäre das Schreiben eine symbolische Handlung, das Sterbenlassen, das Töten also im Satz, eine symbolische Tat, wäre dann dieser Tod gar kein Tod? Kann eine Handlung überhaupt symbolisch sein? Nur wer magisch lebt, schreibt Ingeborg Bachmann, den kann man wirklich bestehlen, symbolisch, hypersymbolisch oder unsymbolisch, immer wird etwas vermißt.

Wo liegt der Unterschied zwischen einer Vorstellung, die ich sehe, vor der ich sitze und ich sehe vor mir auf einer Bühne etwas und dem, was ich mir in meinem Kopf vorstelle, auch dabei kann ich sitzen, doch es spielt sich innen ab und was sind diese beiden Vorstellungen im Vergleich zum Leben, wie wir uns das Leben vorstellen und wie sich das Leben uns vorstellt, wie das Leben mit uns spielt.

Ob ich meinem Vater das Messer in die Brust ramme oder hier schreibe: ob ich meinem Vater das Messer in die Brust ramme, darin liegt ein Unterschied, für den Vater, für mich, für das Messer, für den Sohn, der mich, wenn ich erwischt werde, nur noch im Gefängnis sieht, darauf bestehe ich, ich kenne Unterschiede, ich falle nicht zusammen, ich geh nicht ein in die Schrift, diese Sätze beruhigen mich, ich sitze nicht im Gefängnis, es sei denn, ich hielte mich an meine eigenen Sätze und darin sitzt das Leben in der Liebe im Gefängnis und die Liebe ist auch die Geburt und am Anfang ist es eben schrecklich, schrieb ich, Witze hauen nicht je-

43

den und nicht aus allem raus, das Lachen ist auf keinen Fall Garant gegen den Fall, im Gegenteil, das Lachen zieht das Auflösen an, es löst auf, das Lachen ist eine Falle und der Weg raus, in die nächste Falle, ja, das Lachen ist eine Erlösung und auf Erlösung aus, auf Erlösung kommt es an, ein Satz kann den nächsten erlösen, ein Mann eine Frau und umgekehrt, der Frosch die Wand und die Wand die Königstochter und symbolisch und das Symbolische das Nicht Symbolische und umgekehrt und die Liebe das Leben und das Schreiben die Liebe und die Liebe den Tod.

Eigentlich wollte ich mal sagen, sie geht mir auf die Nerven, gehörig, ihr Ernst, die Moral, der Tineff um sie rum, Weltverbessertum, solche Totenreden wie diese, sie war bestimmt schwer zu lieben, sowas Altes und Kluges, diese Sucherei nach wahren Sätzen, nach Wahrhaftigkeit, diese Gründlichkeit, diese unverschämte Leiderei, diese maßlose Glückssucht, diese heroische Einsamkeit, dies Auserwähltsein, dies Stellvertretertum, dies Pathos und in den Gedichten, überhaupt diese Gedichte, diese schönen, glatten, klassischen, schmalzigen Worte im Verschlag, hinter Brettern, die die Welt bedeuten, an dem für Damen immer schon warmgehaltenen luftlosen weltlosen Ort, da, wo Damen bitte laut sein und zu grausamsten Dingen süßeste Worte bitte sehr geschichtslos in glitzernde klitzekleine Kissen stickum gleiten lassen und noch glitzendere klitzekleinere Tränchen gedämpft fallen lassen dürfen, sie sollen sogar und aus dem großen lyrischen Bildschatz Bilder weben, da, wo Damen wirklich fallen dürfen, im Gedicht, wo Engel hingehören, wo Herren das Fallen der Damen genießen und dann

den Damen mit spitzen Fingern und Federn die Par-
fümtaschentücher aufheben und die Tränchen damit
von den Bäckchen tupfen und zur Tagesordnung in andere ordentlichere Räume tapfer ins Leben also rüber
stapfen und zur Vernunft übergehen, nämlich wirk-
liche Entscheidungen treffen, Eroberungen planen,
nicht zagen und Waffen zählen und zahlen, da will ich
keine Worte sehen, die von Damen sind, von keiner
Frau, mir geht dieses große fühlsame Vorbild auf die
Nerven, dies Ungeheuer, dies unerbittliche Monster
unter die Menschen gefallen, das die Menschen zu
Monstern macht.

Verräterin, steigere ich mich sehr ungerecht und un-
kontrolliert ausgerechnet zu ihr, etwa empor? Die Gerechtigkeit und das Richten in Person, die im Namen
des Mannes schreibt, wie gut könnte ich das verstehen,
die den Schmerz her zeigt, das will ich nicht verstehen,
die alle Wege zu den Wunden und alle Herren und auch
Damen zu den Waffen und auf die geeigneteren Waffen
hinweist, uns zu enteignen, uns? enteignen? sie, die so
eigentlich spricht, eigentlich? die denen Pfeile spitzt,
die Ziele kennt und nennt, was ich nicht seh, das sieht
mich nicht, was nicht gesagt ist, gibt es nicht, jetzt geh
ich mir selbst auf die Nerven, gründlich, danke Bachmann, das wäre Logik: was Bachmann getan hat, das
ist gut getan und getan, danke auch Jelinek, *Lust* ist getan, wenn da nicht die Sache mit der Wiederholung
wäre, wenn Figuren nicht danach schreien würden,
noch mal und noch mal Figuren zu sein, wenn, was
einmal eine Form war, nicht das an sich hätte, immer
wieder diese Form sein zu wollen, Doppelgänger und
wie Isis und Osiris.

Isis und Osiris. Der Sprung mußte sein, da wollte ich hin, an einen glücklicheren Ort, einen Wunschort, eine Liebe vor der Zeit, eine Sprache vor der Sprache, Körper vor dem Körper, Geschichte vor der Geschichte, als alles mögliche noch möglich war, hin zum vorgeschichtlichen Geschwisterpaar, ein Liebespaar, eine Liebe vor der Liebe, als Liebe noch nicht Krieg war, als wir noch mitten in dieser Art Liebe waren, ein vorgeburtlicher Ort, Brüderchen, komm tanz mit mir, beide Hände reich ich dir, einmal hin, einmal her, rundherum, das ist nicht schwer, singt Schwesterchen, als das Tanzen, die Ekstase, das Aus sich Heraustreten in der Liebe noch kein tödliches Spiel war, als ich liebe dich, also: ich bin du, du bist ich, noch nicht Auslöschung war, Vernichtung, kein Aufgeben, kein Aufgehen, kein Untergehen, kein Vergehen, keine Verwüstung, noch nicht?

„Der Faschismus ist das erste zwischen einer Frau und einem Mann Schnitt die Ehe ist eine unmögliche Institution. Sie ist unmöglich für eine Frau, die arbeitet und die denkt und selber etwas will", schreibt Bachmann und zu *Malina* sagt sie in einem Interview: „Liebe führt in die tiefste Einsamkeit. Wenn sie ein ekstatischer Zustand ist, dann ist man in keinem Zustand mehr, in dem man sich durch die Welt bewegen kann Schnitt Sie will Ewigkeit, führt aber daher immer zum Untergang. Die Liebe ist für das Ich im Buch von solcher Ausschließlichkeit, daß nichts daneben Platz hat. Sie drückt sich nicht durch ein Geschehen aus, sondern durch Intensität, durch Fanatismus. Diese Art von Liebe kann nicht in der Zeit bestehen Schnitt zwischen Ich und Iwan gibt es keine Kommunikation. Denn wo sie ist, befindet er

sich nicht. Und umgekehrt. Für sie ist es etwas Unge-
heures, wenn das Telefon läutet, für ihn ist das einfach
ein Telefonanruf."

Die Liebe ist mehr als ein Telefonanruf, wenn das unser
kleiner gemeiner Nenner ist, dann kann ein Telefonanruf Liebe sein und was die Bachmann ruft und anruft,
ist die Liebe selbst, „Erklär mir, Liebe", Sie kennen das,
weil Sie es, wenn Sie es einmal gehört haben, schlecht
vergessen können, und auch ich, so ohne Gefühl für
Gedichte, verliere die letzen Zeilen nicht:

„Erklär mir Liebe, was ich nicht erklären kann: / sollt
ich die kurze schauerliche Zeit / nur mit Gedanken Umgang haben und allein / nichts Liebes kennen und nichts
Liebes tun? / Muß einer denken? Wird er nicht vermißt? / Du sagst: es zählt ein andrer Geist auf ihn / Erklär mir nichts. Ich seh den Salamander / durch jedes
Feuer gehen. / Kein Schauer jagt ihn, und es schmerzt
ihn nichts."

Bachmann schreibt zu Musil, zum Geschwisterpaar
Ulrich und Agathe: „Der Weg des Denkens, den Ulrich einschlägt, fällt mit dem Weg der Liebe zusammen. Was von Ulrich und seiner Schwester Agathe, in
der er die schattenhafte Verdopplung seiner selbst zu
finden glaubt, erzählt wird, ist nicht eine Liebesgeschichte, sondern die ‚letzte Liebesgeschichte‘, weniger
als ein Versuch des Anarchismus in der Liebe, als ein
Versuch, die Leidenschaft mit dem Grund aller Leidenschaft eins werden zu lassen Schnitt wie Bewußtsein
und Welt entgrenzt werden können und sie erreichen
für eine kurze Zeit den ‚anderen Zustand‘, in dem sie
moralisch in einen ‚Uratomzustand‘ aufgelöst werden."

Isis und Osiris, Ingeborg Bachmann variiert in den Franza-Fragmenten Musils Variation der Geschwisterliebe, ein unveröffentlichtes Gedicht, das sie in ihrem Radioessay zu Musil sprechen lassen wollte:

„Schnitt Und die Schwester löste von dem Schläfer / Leise das Geschlecht und aß es auf. / Und sie gab ihr weiches Herz, das rote, / Und die Wunde wuchs im Traum zurecht. / Und sie aß das liebliche Geschlecht. Schnitt / Sieh, da stürmten seine Brüder / Hinter holdem Räuber drein, / Und er warf den Bogen über, / Und der blaue Raum brach ein, / Wald brach unter ihrem Tritt, / Und die Sterne liefen ängstlich mit. / Doch die Zarte mit den Vogelschultern / Holte keiner ein, so weit er lief / Nur der Knabe, den sie in den Nächten rief, / Findet sie, wenn Mond und Sonne wechseln, / Aller hundert Brüder dieser eine, / Und er ißt ihr Herz, und sie das seine. "

Als sich Martin und Franziska im Zug an eine „bestimmte Zeile" erinnern wollen, erinnern sie sich so: „Unter hundert Brüdern dieser eine, und er ißt ihr Herz, und sie das seine. "

Wenn das Symbolische und das Nicht Symbolische zusammen fallen, wenn die Wege der Liebe die Wege des Denkens sind, wenn das Denken beginnt, wenn es mit der Liebe zusammen fällt und wenn die Liebe beginnt, wenn sie mit dem Denken zusammen fällt, steht und fällt, wäre dann vom Schreck zu schreiben zu sprechen?

Zugegeben, was eine symbolische Handlung ist, weiß ich nicht, was keine symbolische Handlung ist, weiß ich auch nicht, was eine Gefahr ist, was der Sturz ins Nichts ist, ins Lachen, ja wie das Lachen das Symbolische mit dem Nicht Symbolischen verbindet, nämlich ins Unendliche schneidet und daß es das tut, woher weiß ich das?

Jetzt die Stimmen 1 und 2 aktivieren, die sichere Flucht ergreifen, etwa so:

1 Zugegeben.
2 Nichts gibst du zu.
1 Zugegeben.
2 Wenn du das sagst, gibst du alles zu, du fängst so an wie sie, erinnere dich.
1 Zugegeben. Ich fange so an wie sie.
2 Erinnere dich.
1 Ich schlag es nach.
2 Wie fängt es an?
1 Zugegeben, daß ich nicht mehr weiß, warum ich hier lebe...
2 Wie hört es auf?
1 Denken ist solitär, Alleinsein eine gute Sache.
2 Und?
1 Daß wir in der Ordnung bleiben müssen.
2 Und?
1 Mehr nicht.
2 Du hast den Fall Franza verschlungen.
1 Geb ich zu.
2 Du hast Malina verschlungen.
1 Geb ich auch zu.
2 Du hast mit deinem Bruder lange über Bruder und Schwester, über Martin und Franziska geredet, ganz zu schweigen vom Vater in Malina und von den Mördern.
1 Ja. Zu schweigen. Ganz.

Flugs ist der Fluchtweg abgeschnitten, die Stimmen

haben sich an den Ort geredet, wo sich Brüder und Schwestern, Geliebte, Väter und Männer und Frauen und Mörder einfinden, auf dem Papier und im Leben, als Schrift und als Wort, als Fluch der Schreibenden. Huch, Fluch der Schreibenden. Wie gefährlich ist das Leben, wie gefährlich ist das Schreiben, was ist gefährlicher und ist Gefährlichkeit ein Kriterium und für was?

Heiß schleiche ich um die Gründe und Bedingungen des Schreibens herum, das Spiel zwischen Liebe und Leben auf dem Papier, wovon ich ungern rede.

Wer schreibt, weiß, wie die Liebe mit Haut und mit Haar, ohne sich umzusehen, im Handumdrehen auf dem Papier landen kann und dort mit solcher Wucht wirklich sein will, daß die Wirklichkeit mit Haut und mit Haar aus Fleisch und aus Blut den Hut zieht. Wie kommt die Liebe aus dem Leben aufs Papier und wie die Lieben, die lieben Figuren? Vom Weg der Figuren, davon handeln die Bücher, vom Opfern der Figuren, vom Opfern der Liebe, die, wenn es gut geht, vom Geschriebenen her verwandelt wird und also weiterlebt.

Das Schreiben zögert, es kennt Skrupel, nein, jetzt noch nicht, etwas später, doch jetzt, jetzt nicht, noch etwas warten, jetzt aber, es ekelt sich vor sich selbst, dann aber, wenn es nicht anders kann, wenn es anders nichts wahr haben kann, wenn aus A aus dem Leben B auf dem Papier wird und die Liebe zu A die Liebe zu B, wenn das Schreiben Gefühle aufspießt und erfindet, wenn das Leben im Schreiben statt findet, findet das Töten statt, denn die Möglichkeiten auf dem Papier töten die Möglichkeiten im Leben, wobei, was tröstet, der Unterschied künstlich ist und das Schreiben im Leben passiert und auch im Leben die eine Möglichkeit die andere immerzu erschlägt.

Verwandlung, Morphing, auf Computeranimationsdeutsch, die Kuh stept, der Werbefrosch wird zur Schnecke, der Geliebte zu Vater, Bruder, z. B. zur Schreibinstanz, alles, was das schreibende Ich jetzt schreibt, säuft ab, geht verloren, ist nicht ich, ist nämlich im Namen des Vaters geschrieben, des Bruders, des Geliebten.

Als ich in Graz auf einem Symposium zum Thema Weiterschreiben meinen Text lesen wollte, fiel mir die Stimme weg, symbolische Handlung? In Sekundenschnelle hatte ich vorher ohne mein Zutun, völlig willenlos und ungenau entschieden, die Schrift, das Schreiben, den Raum der Erregung der Worte an einen Mann abzutreten, in einem akuten Anfall von Liebe natürlich und Erregung, an ein männliches schreibendes Ich und an den realen Mann, an sein Schreiben, als ich das Schreiben nach einiger Zeit wieder bei mir und die Liebesbriefe endlich hinter mir hatte, war es nicht mehr meines, ich auch nicht, ich würde jetzt im Namen eines anderen schreiben, dieser Raum in mir gehört ihm, ein Teil von mir ist er, der schreibende Teil, damit er in Ruhe und mit Gewißheit, sich gut bei mir abgelegt zu haben, beruhigt, daß ich sehr für diesen Teil sorge, so sehr, daß er das Leben weiter führen kann, denn jemand muß draußen das Leben führen, in diesem Leben führt er mich mit, es soll mich gar nicht wundern, wenn ich mich frage, wo mein Leben ist, es ist bei ihm. Ich will Er sein, schrieb ich damals dem Leben vor an die Wand.

Wenn das wahr wäre und keine Geschichte, dann kommt es wirklich darauf an, ob man symbolische Handlungen an sich selbst oder an anderen vornimmt. Symbolische Handlungen an anderen vorzunehmen, scheint männlichen Personen leichter zu fallen und zu gelingen, auch wegen den weiblichen Personen, die sich das gefallen lassen, die sich gerne als Teil eines Künstlerwerks, als Teil eines großen anderen sehen. Sie kennen alle diese Horrorgeschichten, wenn sich Menschen in den Konstruktionen ihrer liebsten Menschen einfinden und darin verloren gehen oder erst auferstehen.

Zurück zum Schreck. Wie hängt das Schreiben mit dem Wunsch nach Auflösung zusammen, wie der Wunsch nach Auflösung mit dem nach Erlösung? Wenn das Schreiben eine Art ist, sich in der Liebe zu bewegen, dann ist es die Bewegung der Liebe selbst, die sich auf einen Ort zu bewegt, wo es keinen Ort mehr gibt, keinen Unterschied, kein Ich, das nicht in seiner Umgebung aufgeht, weil es an diesem Ort keinen Ort gibt, kämen auch keine Personen vor, keine Handlungen zwischen Personen, keine Kriege, keine Küsse und auch keine Liebe, am Ort der Liebe, aber Licht. Huch, Licht.

„Die Liebe währt am längsten / und sie erkennt uns nie", so läßt Ingeborg Bachmann das Gedicht *Reigen* enden, ein anderes endet so: „und das Verlangen, tief uns anzusehen / durchtrennt ein Kreuz, uns einsam auszustreichen."

In *Malina* spricht das Ich vom Wunsch nach einer „Rückversicherung der Sätze im Leben", von der „Versicherung des Lebens in einem einzigen Satz" und es fragt: „Genügt ein Satz denn, jemand zu versichern, um den es geschehen ist? Es müßte eine Versicherung geben, die nicht von dieser Welt ist." Es müßte Sätze geben, die nicht von dieser Welt sind, es müßte ein Leben geben, das nicht von dieser Welt ist, in dieser Welt. Ein Leben außerhalb des Lebens?

Von der Sucht, netter gesagt, Sehnsucht, ausgestrichen zu sein, von der Liebe, vom Licht, lese ich Ihnen zum Schluß nicht ohne großes Zögern aus *Briefe an Felician*.

Zögern, weil ich auch hier, wie jede Leserin, meinen eigenen Text zurechtschuster und mich damit verrate, netter gesagt, zu erkennen gebe, Zögern auch und noch mehr, weil die *Briefe an Felician* auf verschiedenste Weisen Grenzgänger sind, zwischen Fiktion und Nicht Fiktion, zwischen realer und vorgestellter Liebe, zwischen Leben und Nicht Leben, zwischen dem Symbolischen und dem Nicht Symbolischen, zwischen privat und öffentlich, zwischen Frau und Mann, Himmel und Erde, Sie sehen also mein Zögern, ich rutsche selbst aus beim Lesen dieser Briefe, weil ich sie liebe, wie sonst keinen einzigen Satz von Ingeborg Bachmann, zur Zeit, sie sind kaum aufgehoben in der Form, sie sind gefährdet.

„17. Mai 1945 / Wenn ich die ganze Zeit nichts zu tun hätte, als mit mir allein zu sein, es wäre endlich, wo ich unendlich bin Schnitt Was käme innigster aus mir, als Dir zu opfern, ich liebe dich wie den strahlenden Tag, wie die glücklichsten Nächte der Gedanken. / 27. Juni 45. / Du solltest kommen und einen Willen über mich werfen Schnitt den großen Hunger nach dem Licht. Ich vergehe dran. Selbst meine Liebe ist blaß davor! / Arzl,

8. X. 45. / Ich überschätze diese, Deine Nähe nicht, denn sie ist wahrscheinlich garnicht wirklich und ursprünglich, sondern die künstlich gelockte Sehnsucht, die ersetzend für allen Mangel die geliebtesten Bilder bringen soll Schnitt Ich werde fortgehen, von einem Licht ins andere! / Arzl, 10. Okt. 45. / Ist das möglich, daß man rufend durch die Welt gehen kann, ohne gehört zu werden! Schnitt Meine Wünsche sind dunkel und blutrot! Ich muß handeln. / Vellach, 30. März 1946 / Ich werde Dir bald wieder nahe kommen. Du wirst meine Blätter halten. Ach, sie werden Dir natürlich nicht wie diese Briefe erzählen Schnitt Ich will diese Küsse nicht, ich will nicht! Warum bin ich so fern von Dir! Schnitt so habe ich nur einen Willen, für Dich ‚Ich‘ zu sein. Mein Ich habe ich schon lange weit weggelegt, nur ein sprühendes Feuer, ein müder Schatten, der mir so wenig zugehört, wie mein Kleid, lebt am Tage Schnitt Zwei Menschen sind in mir, einer versteht den andren nicht. Ich fürchte den das Leben so alles liebenden sehr. "

„Vielleicht ist die Form des Sich-selbst-vage-Werdens die eigentliche Verführung beim Schreiben, nicht Vorstellung, nicht Verwandlung, sondern die Konzentration auf die Momente der Indifferenz ziehen den Autor in den Text, so als wollten alle Autoren nichts anderes als nicht sie sein", schreibt in seinen *Figuren der Willkür*, die ich Ihnen ans Herz lege, Roger Willemsen, mit dessen Stimme ich hier ende.

„In einer haltlosen Stimmung wird der Autor von der eigenen Unbestimmtheit dazu getrieben, ‚Ich‘ zu sagen. Aber dieses Ich fällt gewöhnlich auf die bürgerliche Identität des Schreibenden nicht zurück, und im engagiertesten Falle ist die Anstrengung, auf sich selbst zuzugehen, doch nichts anderes als verzweifelt Schnitt Das prägnantere Ich, in das das Fiktive eingeströmt ist, bis es ganz schwer davon wurde. Warum? Um wirklicher zu werden, kraft der Energie, es sein zu wollen Schnitt Die Wirklichkeit bewahrt sich dem Schreibenden in der Form des Versprechens Schnitt die Literatur schreibt auf die Gefahr hin, daß sich der Schreibende einmal ganz erkannt hat, und die Formel, die er am Ende dieser Anstrengung finden wird, muß lauten: Du sollst nicht sein."

Ilma Rakusa

Ein Schritt meerwärts

Nach vielen müßigen Tagen hole ich meine Reise-
schreibmaschine hervor und notiere: Natürlich war es
so. Natürlich war es anders.
Dieses Paradox lasse ich stehen. Das Paradox hat mich
bei der Lektüre des „Dreißigsten Jahres" begleitet. Ich
habe gelesen, genickt, wieder genickt, habe mit spit-
zem Bleistift diese und jene Zeile unterstrichen, habe
innegehalten, überlegt, überlegt, was der brauchbarste
Zipfel einer Wahrheit sein könnte oder eine noch wah-
rere Wahrheit, beim Satz „Fest steht der Schrei" habe
ich, warum wohl, frohlockt, mit der Einsamkeit der
Undine mich verbündet, immer wieder habe ich aber
auch den Kopf geschüttelt, habe kleine Fragezeichen an
den Rand der Seite gemalt, gegen das Totsein prote-
stiert, gegen die Abtötung. Mein Wildling. Mein Herz.
Gut so. Jeder Aufbruch ins Absolute hat mich kurz
krank gemacht, weil das Bündnis von Pietät und Anar-
chie monströs endet, enden muß. Gegen das zwang-
hafte Daneben habe ich mich aufgelehnt, dagegen daß
das „Vorhaben Ankommen" fehlgeht. Nicht aus Iden-
tifikation hat sich etwas in mir gesträubt, sondern aus
Disposition: der Fatalität zu widersprechen. Den Kräf-

ten der Nacht, des Wassers, kakanischer Décadence, alltäglicher Trägheit, die bei B. die Oberhand behalten und den kristallinen hellen Durchbruch verhindern. Ich habe im Rot einer Geschichte gefroren und Hannas Garten verteidigt, Wildermuths Wahrheitsrausch aber hat mich als Hochmut berührt: als trotzige Intoleranz eines Radikalen, der es nicht scheut, „sich zutodezuleben im Schweigen". Ich habe mich gegen alle Verzweiflung gewehrt, gegen den wilden Wahnsinn. Dagegen, daß er jeder Komik entbehrt. Gegen sein Schicksalhaftes also. Weder Freud noch die Parzen wollen ihn mir glaubhaft machen.

Natürlich war es so. Natürlich war es anders. Kein Schritt nach Gomorrha, oder doch. Die rote Fremde vom gleichen Geschlecht. Die Nacht. Die Verführung. Die Verfallenheit. Die Änderung der Perspektive. Das neue Warten („Reich erhoffen"). Stichworte einer Lebensrevolution. Ich beschränke mich.

I.

Die letzten Gäste waren gegangen. Nur das Mädchen in dem schwarzen Pullover und dem roten Rock saß noch da, hatte sich nicht mit den andern erhoben. Sie ist betrunken, dachte Charlotte, als sie ins Zimmer zurückkam, sie will mit mir allein sprechen, mir womöglich etwas erzählen, und ich bin todmüde. Sie schloß die Tür, in der sie zögernd gestanden hatte, um dem letzten Gast noch eine Möglichkeit zu geben, die offenstehende Tür wahrzunehmen, und nahm von der Kommode einen Aschenbecher, über dessen Rand kleine Aschenhäute rieselten. Im Zimmer: die verrückten Stühle, eine verknüllte Serviette auf dem Boden, die gedunsene Luft, die Verwüstung, die Leere nach dem Überfall. Ihr wurde übel. Sie hielt noch ein brennendes Zigarettenende in der Hand und versuchte, es hineinzudrücken in den Haufen von Stummeln und Asche. Es qualmte jetzt. Sie sah blinzelnd hinüber zu dem Sessel in der Ecke, auf herabhängendes Haar, das rötlich glänzte, auf den roten Rock, der, wie eine Capa ausgebreitet, über die Beine des Mädchens fiel und in einem Halbkreis Füße, Teppich und Sessel verdeckte, am Boden schleifte. Mehr als das Mädchen selbst, sah sie alle diese unstimmigen vielen Rottöne im Raum: das Licht, das durch einen roten Lampenschirm mußte, mit einer flirrenden Staubsäule davor; eine Reihe von roten Bücherrücken dahinter auf einem Regal; den filzigen wilden Rock und die matteren Haare. Nun war einen Augenblick lang alles so, wie es nie wieder sein konnte – ein einziges Mal war die Welt in Rot.

Sie war am Abend gekommen, spät. Ann hatte mit ihr nicht mehr gerechnet, hatte sich in einen Russen vertieft und schaute verstört zur Tür. Die andere stand wortlos. Keine Erklärung, keine Entschuldigung, sie war da, als wäre es das Selbstverständlichste auf der Welt. Selbstverständlich war das nicht. Ann kam sich überrumpelt vor. Sie schwieg. Sie wartete.
Mit Blond ist Schule zu machen. Blond lehnt eine im Sessel, reibt still am rechten Brillenglas, schweigt. Und das Flachsblond leuchtet ein. Ruhig fällt es über die Rückenlehne des Stuhls, während ein linkes Knie sich über ein rechtes legt. So. Wie? Vom Arzt. Aha.
Ann vertieft sich kurz in das Rautenmuster des Teppichs, es gäbe viel zu sagen, aber gesagt wird es nicht.

Ist Esther krank? Welches Rätsel spielt in ihren farblosen Augen? Die Hände verknoten sich. Auch so vergeht Zeit.

Dostojewski, sagt Ann. Doch Esther hört es nicht. Als fiele sie langsam in sich zusammen, sinkt ihr Kinn auf die Brust, ein trockenes Hustengeräusch entweicht dem Sessel. Dann lächelt wer. Ann lächelt zurück, gequält, aber prompt. Und spürt das alte Mitleid in sich aufsteigen.

Esther kommt, weil sie mich braucht, das ist nicht Unverschämtheit, sondern Not. Ihr Lächeln weitet sich, weitet sich groß, verliert alle Gequältheit, blüht schon im Schein der Lampe. Es ist spät, aber früh.

Esther rückt ihr Haar ins Licht. Ihr schlaksiger Körper strafft sich, die Fingerkuppen streichen über die Armlehne. Tut mir leid, sagt sie halblaut, und blickt Ann forsch ins Gesicht.

Warum gerade mir? Ann zögert zwischen Freude und Erschrecken, wirft sich im Sessel herum, schaut weg. Die Teppichrauten leuchten grün und blau, im Petersburger Slum schreit eine Katerina Iwanowna ihre Minderjährigen französisch an, da war ich doch, was hat hier Esther zu suchen, bis wann.

2.

Das ist Wahnsinn, du bist wahnsinnig, sagte Charlotte, wie ist das nur möglich . . .? Sie hielt inne, sprach nicht weiter, so lächerlich kam sie sich vor. Sie rauchte und dachte, daß diese Nacht kein Ende nehmen werde, daß diese Nacht ja erst im Anfang war und womöglich ohne Ende.

Vielleicht blieb Mara jetzt für immer da, immer, immer, immer, und sie selber würde nun für immer nachdenken müssen, was sie getan oder gesagt habe, um schuld daran zu sein, daß Mara da war und dablieb.

Und Ann streift Katerinas Schwindsucht, fällt in Sonja Marmeladowas fahles Gesicht, läßt die Kinder am Kai stehen, so schnell, als wäre es Abschied, denn Esther wird sie einholen, Esther holt sie ein. Noch ehe sie aufschaut, spürt sie Esthers Hand auf ihrem Arm. Eine feste, warme Hand, die sagt, was der Mund verweigert. Ann lächelt schon wieder. Mit dümmlichem Ausdruck quittiert sie die Einfachheit des Tatbestands, die fremde Hand auf ihrem Körper. Die Nähe dieser Blonden, die Esther heißt.

So wird das Gespräch nie anfangen. Ann weiß es in diesem Augenblick, Wort oder Hand, Helle oder die Nacht tiefen Tastens, die Zone um Zone überschreitet, weil ihr kein Ende entgegensteht. Und sie will nicht das Dunkel. Diese blonde Braut, diesen Windbeutel, dieses taube Laub, diese wild schweigende Esther, die sie in ihren Sog reißt, stummer als stumm.

Ich mag Swidrigajlow nicht, ruft Ann aus schriller Not. Kennst du den Mann? Das ist wie ein Schlag. Das trifft Esther von weither und ganz, der rohe Tonfall, die russische Romanmitte jetzt, aus Anns Mund. Ihre Hand weicht zurück, legt sich nutzlos aufs linke Knie. Ich tue nichts, sagt die Hand, ich halte Lektionen der Unverständlichkeit.

Esther! Anns Stimme klingt tiefer.

Die andere leistet keine Hilfe. Der Name bleibt wie Wermut im Raum. Auf den Namen folgt kein Satz.

Ich wollte dir Swidrigajlow erklären.

Müßig, sagt Esthers Blick.

Der Mann macht sich aus Berechnung an Sonja heran. Er hat eine Minderjährige auf dem Gewissen, Hemmungen kennt er nicht. Doch je mehr er sich dem Bösen verschreibt, desto mehr wächst seine Einsamkeit. Die tötet er mit einem Revolverschuß, morgens vor der Polizeiwache.

Esther starrt abwesend auf ihr Knie.

Ann schreit: Sag etwas!

Warum?

Warum? Weil dein Schweigen mich umbringt.

Ich gehe.

Du gehst?

Dann bist du mich los.

Ann spürt den Kreisel des Mitleids, die dunkle Falle.

Bleib, sagt sie gegen ihren Willen. Erzähl.

3.

Aber jetzt hatte Mara sich neben sie gekniet, zu sprechen begonnen, sie sprach immerzu auf sie ein. Mein Geliebtes, du darfst nicht meinen, du, es tut mir so leid, ich weiß gar nicht, was in mich gefahren ist, du, sei gut zu mir, ich bin verrückt, nach dir verrückt, ich möchte, ich glaube, ich könnte...

Charlotte dachte: mir ist dauernd unklar, wovon sie spricht. Die Sprache der Männer war doch so gewesen in solchen Stunden, daß man sich daran hatte halten können. Ich kann Mara nicht zuhören, ihren Worten ohne Muskel, diesen nichtsnutzigen kleinen Worten.

Hör zu, Mara, wenn du die Wahrheit wissen willst. Wir

müssen versuchen zu sprechen, wirklich zu sprechen mitein-
ander. Versuch es. (Gewiß will sie die Wahrheit gar nicht
wissen, und dann ist's auch die Frage, wie diese Wahrheit
heißen müßte über uns beide. Dafür sind noch keine Worte
da.) Ich kann nicht auffassen, was du sagst. Du redest mir zu
unklar. Ich kann mir nicht vorstellen, wie du denkst. In dei-
nem Kopf muß etwas anders herum laufen.
Mein armer Kopf! Du mußt Mitleid mit ihm haben, mußt
ihn streicheln, ihm sagen, was er denken soll.

Esther erkennt das Ausmaß der Nacht, aber wie über
die Lippen bringen, was über die Hände will.
Ich bin demoliert, sagt sie trocken.
Was soll das. Ann lehnt sich auf. Sie steht schon, ent-
schlossen, die Trümmer zum Leben zu erwecken.
Wodurch, wieso?
Esther schüttelt den Kopf. Unter ihren wäßrigen
Augen liegen dunkle Ringe voll Trotz.
Wie soll ich dir da helfen?
Esthers Schultern zucken. Dann bricht sie in ein hyste-
risches Gelächter aus, das den ganzen Körper erschüt-
tert und echolos abbricht.
Ann steht fassungslos in einem fremden Schauspiel.
Welches sind seine Regeln? Wie kommt es, daß ihr
diese blonde Fee Rede und Antwort verweigert, um…
um Liebe zu heischen. Ann erschrickt über die plötzliche Evidenz. Sollte alles so einfach sein? Schweigen
schafft Räume der Distanz, heimliche Vibration, ner-
vöse Nähe, Schweigen flutet und steht, gleißt und
bebt.
Ann weiß nicht, wo die Zeit geblieben ist. Sie erhebt
sich vom Sessel, geht auf Esther zu, küßt sie auf den

Mund. Wie der Großinquisitor, fährt es Ann durch den Kopf, ich habe die Regie ergriffen.

Und Esther küßt zurück, mit geübtem, muskulösem Mund, der sein Schweigen endlich loswird.

Uns kommt kein Swidrigajlow bei, sagt Ann, plötzlich älter geworden.

Laß das, die Männer. Esther klingt schroff und befehlend.

Du hast das Wir überhört, erklärt sich Ann.

Als Esther den Arm nach ihr ausstreckt, hält sie ohne Bedauern still. Man springt nicht, mir nichts dir nichts, aus dem gewohnten Gleis, und diese Frau ist ein nächtliches Rätsel. Ein Wesen des Zwischenreichs, stark, aber wie.

Mein Engel, hört Ann und greift nach der Sessellehne. Mein Engel.

Das Wort löst in ihr Schwäche und Schwermut aus, sie wendet den Kopf ab, weg von dem Mund, der es zweimal geformt hat. Sie spürt Zerstörung, Brand, eine Überschwemmung, den Taumel des Geschlechts, das ihr eigenes ist.

Zwecklos.

Esther fährt hoch. Du lügst! Du traust dich nicht, du mit deinen Romanen!

Habe ich dich gerufen?

Ich folge dir ohne Ruf, das siehst du doch, ich bin widerstandslos da und mehr als eine Chance.

Ann sucht nach einem Halt in ihrem Kopf. Wer soll wessen Chance sein? Wo war der Anfang und wie wird das enden? Tapfere Sonja Marmeladowa mit ihrem Gottesglauben. Mir sind die Koordinaten abhanden gekommen.

Und sie meinte plötzlich zu wissen, was sie all die Jahre vermißt und heimlich gesucht hatte: das langhaarige, schwache Geschöpf, auf das man sich stützen konnte, das immer seine Schulter herhalten würde, wenn man sich trostlos oder erschöpft oder selbstherrlich fühlte, das man rufen und wegschicken konnte und um das man sich, der Gerechtigkeit halber, sorgen mußte, sich bangte und dem man zürnen konnte.

Ann verläßt den Sessel, geht in die Küche. Wasser, murmelt sie, ich falle um. Ich liege aufgeschlagen wie ein Buch, das hat nichts Gutes.

Der Bogen des Gefühls spannt sich und läßt nach, etwas hämmert in ihrer Brust, sie stößt mit der Fußspitze gegen den Tisch, wirft eine Tasse um. Die Kontrolle, die Selbstkontrolle, ich. Wie soll ich mich meiner vergewissern.

Als sie Esther kennenlernte, lebte sie in einer hellen Ordnung. Um so mehr fiel ihr Esthers Verdunkelungswille auf, das Bestehen auf dem eigenen Unglück. Sie versuchte zu begreifen, und Esther nahm das Interesse an, indem sie immer häufiger erschien. So war ihr Esther zur Aufgabe geworden, schweigsam, rätselhaft, tyrannisch. Doch erst heute erkannte sie den Grad ihrer Verstricktheit: Esther ging ihr ans Leben.

Ich... Das Personalpronomen, diese letzte Gewähr, kommt fremd über die Lippen. Ann hebt zum Satz an: Ich will keine Abhängigkeiten, und scheitert. Leeres Schlucken, dann wird der Nicht-Satz mit Wasser weggespült.

Esther ist meine Kreatur. Nein, umgekehrt. Wir er-schaffen uns neu. Ann stößt einen Laut aus, der alle Grenzen des Schicklichen sprengt.

5.

Komm, Schlaf, kommt, tausend Jahre, damit ich geweckt werde von einer anderen Hand. Komm, daß ich erwache, wenn dies nicht mehr gilt – Mann und Frau. Wenn dies ein-mal zu Ende ist!

Im Dämmer der Küche sitzt Ann und kauert Esther. Fahl schimmert der Kühlschrank, brummt. Das russi-sche Plakat schickt keine Botschaft aus, die kyrillischen Buchstaben dunkeln. Ach, sagt Esther.

Das verhallt ungehört. Ann, den Kopf in die Hände gestützt, schraubt sich in den Schlaf des Vergessens, wo keine Unterwerfung herrscht, wo Blume und Halm sich schmiegen. Zuviel Kraft verausgabt, sagt sie sich ungerührt. Und in welche Richtung gedriftet. Sonja war gut. Sonja wußte nichts von Verführung und Verfallenheit. Ich werde mir das Ende vorneh-men.

Sie öffnet den obersten Blusenknopf, legt den Kopf auf den Küchentisch. Nichts habe ich verändern können, das ist absurd. Oben steht der Orion, und ich, was bin ich für eine elende Figur. Ich muß mich retten, diese Verklammerung in Blond lösen. Mein Gott, jetzt, nicht gelacht, nicht um die Wette getanzt, in den Ernst versetzt, jetzt. Mit letzter Willensanstrengung hebt sie den Kopf, sagt: Geh. Der Kühlschrank schweigt.

Du kannst nicht immer die Übersicht behalten, sagt Esther leise. Ich habe mich bei den Kabbalisten umgehört. En Sof, der Urgrund, ist chaotisch und dunkel, was nährt, ist undurchsichtig. Vertrau mir, hörst du, oder vertrau dir selbst. Aber reiß dich nicht entzwei. Dunkel, sag ich dir, formlos. Du kannst die Klarheit nicht provozieren.

Esther holt Atem, um in der Enge der Küche Ann zu beschwören: Sei frei. Verschließ dich nicht dem Neubeginn. Flüsternd, aber bestimmt redet sie auf sie ein. Ich bin nicht mehr die, die du kennengelernt hast. Ich habe alle Korsetts abgelegt. Ohne abzuwägen, du weißt. Der Körper häutet sich. Jetzt werde ich Nachtwache halten.

6.

Sei, bitte, still. Sprich nicht. Sei still.

Esthers monotoner Redeschwall versiegt. Die Kabbalisten versinken in der Geschichte. Aufschub, denkt Ann im Halbschlaf, bei Tage stelle ich mir alle Fragen der Reihe nach. Auch warum Sonja immer Grau trägt. Taubengrau, Mausgrau, Bleigrau. Und sich so keusch verkauft. Nur jetzt eine Pause, Vater im Himmel. Worauf der Kühlschrank skrupellos zu rumoren beginnt.

*Nein, erst wenn sie alles hinter sich würfe, alles verbrennte
hinter sich, konnte sie eintreten bei sich selber. Ihr Reich
würde kommen, und wenn es kam, war sie nicht mehr meß-
bar, nicht mehr schätzbar nach fremdem Maß. In ihrem Reich
galt ein neues Maß.*

Ann erwacht, legt den Helm der Angst ab. Licht fällt in
die Küche, ein blasser Streifen, ohne Esthers Haar. Ann
richtet sich auf, befühlt Stirn und Hals, greift zum roten
Buch. „Damals ging ich von dir in die Dunkelheit hinaus, irrte in den Straßen umher und kämpfte mit mir.
Und auf einmal haßte ich dich so sehr, daß mein Herz es
kaum ertragen konnte. Jetzt, dachte ich, ist er der einzige, der mich gebunden hat und mein Richter ist, ich
kann mich morgen meiner Strafe nicht mehr entziehen,
denn er weiß alles. Nicht daß ich gefürchtet hätte, du
würdest mich anzeigen – kein Gedanke daran –, aber
ich sagte mir: Wie soll ich ihm in die Augen sehen,
wenn ich mich nicht selber anzeige? Und wenn du auch
am Ende der Welt gelebt hättest, so wäre mir doch der
Gedanke unerträglich gewesen, daß du lebst, alles
weißt und mich verurteilst. Ich haßte dich und trachtete
mit aller Kraft danach, mich an dir für alles zu rächen.
Doch Gott hat den Teufel in meinem Herzen niederge-
rungen. Damit du es aber weißt: noch nie bist du dem
Tode näher gewesen als damals..."
Ann hält inne, weil das Wort Haß gefallen ist. Als hätte
sie gerade auf dieses Wort gewartet. Ich spreche es nie
aus, ich lasse es nie zu, warum nur. Wenn ich an Esther
denke, empfinde ich mehr Haß als Liebe. Im übrigen

liegt beides nah beieinander und schlägt rasch ins Gegenteil um. Manchmal liebe ich Esthers Mund und hasse ihre Ohren, liebe das Katzenhafte an ihr und hasse ihren Blick, wünsche sie mir, wenn sie da ist, weg, und wenn sie weg ist, in meine Nähe. So ein Wahnsinn. Nur Dostojewski kennt die Macht widerstreitender Gefühle.

Ann tätschelt das Buch wie einen *camarade de malheur*. Sie reden, reden ohne Unterlaß, reden sich die Seele aus dem Leib. Keine Schweigekonzerte wie zwischen ihr und mir. Wie kann man Neues auf Schweigen gründen?

Neues. Ann hört ihre eigene Stimme, die die Küche erfüllt. Und noch einmal: Neues. Im Stehen fängt sie zu summen an „Neue Zeile, alte Weile... Sindbad fährt aufs ferne Meer..."

Das Buch liegt zwischen Teetassen und einer blauen Keksschale. Es verheißt alle Extreme suchender Seelen, das Höllenparadies. O russischer Quersinn, murmelt Ann, da gehör ich dazu. Zu Leid und Sonne. „Werden Sie eine Sonne, und alle werden Sie sehen. Eine Sonne muß vor allem eine Sonne sein. Warum lächeln Sie schon wieder?"

8.

Ich bin in kein Bild hineingeboren, dachte Charlotte. Darum ist mir nach Abbruch zumute. Darum wünsche ich ein Gegenbild, und ich wünsche, es selbst zu errichten. Noch keinen Namen. Noch nicht.

Der Kaukasustee wärmt, die Lider brennen. Was sucht die Pik Neun auf dem Küchentisch? Buchzeichen oder Zufallsrelikt? Mike geht im Ausland seinen Studien nach, hat er ihr einen Spielkartengruß geschickt? Mike, der Fisch, der so schnell Schauplätze und Lebensumstände wechselt. Er spricht nicht vom Neuen, er tut es. Ann schweift in Gedanken ab, von der Fee zum Fisch, von Frau zu Mann. Und ich?

Keine Position der Mitte. Nicht dies, nicht jenes, ich bin, was ich werde, ich muß weitergehen. Aber bei Weitergehen kommt schon wieder Esther ins Spiel. Nicht Mike überm Ozean, sondern Esther aus Passau. Die Andere, Fremde, Gleiche. Sie hat mich aufgebrochen.

Ann läßt die Einsicht zu. Mit kleinen Schlucken spült sie ihre Abwehr gegen die nächtliche Esther hinunter, gegen das Verschlingende jenes Mundes. Lasse ich sie erst aussprechen, bin ich mündig. Lerne ich eine neue Sprache.

Beim Summen des Teekochers entwirft Ann eine Ordnung heller Zeichen, Zärtlichkeiten. Ich behaupte nicht. Sie insistiert nicht. Ich fordere nicht. Sie befiehlt nicht. Ich beweise nicht. Sie widerlegt nicht. Ich rechte nicht. Sie richtet nicht. Ich streite nicht. Sie queruliert nicht.

Im Anfang, variiert Ann, war das Mißverständnis. Damit es, nach und nach, überwunden werde. Damit Kreuz und Kamm zusammenfinden. Sonja nennt es Kreuzweg. Einmal ist sie darüber „wie ein Kanarienvogel oder ein anderes Vögelchen böse geworden".

Die Küche steht im Licht, und Ann hat Feuer gefangen. Das Mögliche muß möglich sein, nichts hält mich in den alten Hüllen. Ich höre Ostergeläut, frohlockt Ann wie ein Kind. Der Horizont ist weit. Beim Anblick des Zukunftsfelds überkommt sie Mattigkeit. Sie verscheucht sie rasch und geht ins Bad.

9.

Nur lieb mich. Und lieb nur mich.

Wenn die meisten Beziehungen Moos angesetzt haben, bewahrt das Wasser Herz. Erfrischt und lindert. Auch Esther... Auch das Meer steht noch bevor. Ich setze es nicht aufs Programm, ich geb ihm bloß Chancen. Zweimal im Jahr. Ann lächelt. Zweimal eine große, salzige Zäsur. Ein starkes, geballtes Verlangen.
Da weht Esthers Haar im Wind, da läuft sie gesund durch den Sand, weiße Shorts und Tennisschuhe. Esther. Das Bild hat Kraft. Ann duscht. Sie wird Esther vom Bild erzählen, vom Strand und den kleinen Kötern, die die Beine der Passanten ankläffen. Und Esther wird das Bild vervollständigen, durch Brandung und Tanggeruch.
Wir gehen am Strand, wir gehen und gehen. Die Angst ist weit. Auf den Wellenkämmen reitet der Hader davon. Und wenn Esther sich nach einer Muschel beugt, berühre ich ihren braunen Nacken. So wird es Abend, und alle „Engel" verklingen im Wind.
Ann nickt selbstvergessen vor dem fleckigen Spiegel. Noch nie ist ihr Esther so hell erschienen und das Leben so voller Versprechen.
Ich mache das Bild wahr. O Vögelchen Sonja, hilf.

Kristin T. Schnider

Zwei leere Seiten
für Ingeborg Bachmann

Rahel Hutmacher

Dem unbekannten Ausgang zugewandt

Den ursprünglichen Text, den ich für die Literaturtage SCHRIFTWECHSEL 1993 geschrieben hatte und dort auch las, habe ich zurückgezogen. Er beschrieb eine neunmonatige, mühsame, gewissenhafte Such-Reise zu Ingeborg Bachmann – und zu meinem zwanzigjährigen Selbst.

Ich dachte, es sei wichtig, was ich während dieser monatelangen Auseinandersetzung mit Ingeborg Bachmann erfuhr: über sie und über mich. Es ist wohl auch wichtig, aber nur für mich. „Wie geht's" oder „Wie war die Reise" heißt nicht: „Nun erzähl mal".

Ich lese meinen Text ein letztes Mal. Er ist mir etwas zu ausführlich, sonst gefällt er mir eigentlich. Aber wichtig ist das nur für mich. „Wie war die Reise?" „Danke, anstrengend, aber jetzt bin ich ja angekommen." Das hätte gereicht.

Ich verabschiede mich von meinem Text. Er hat geholfen, mich hinüberzutragen; ich bin angekommen und sehe zu, wie er wegtreibt. Ich bin dankbar. Das reicht. Ich brauche ihn nicht zu veröffentlichen.

Und was hat das mit Ingeborg Bachmann zu tun?
Nichts. Schon längst nicht mehr. Ich bin einmal von ihr
ausgegangen, das heißt wohl auch: von Anfang an von
ihr weggegangen; schon lange gehe ich auf den unbekannten Ausgang zu. Ich verabschiede mich von ihr:
respektvoll. Ich gebe ihr acht Sätze zurück, die Kerne,
um die mein alter Text herumgewachsen war, meine
Leitsterne und Mantras während neun mühsamen Monaten. Sie sollen nicht zusammen mit meinen Scherben
im Schweigen versinken. Sie sind wichtig.
„Wir schlafen ja, sind Schläfer, aus Furcht, uns und un-
sere Welt wahrnehmen zu müssen."
„Das Leben ist eine ungeheuerliche Kränkung."
„Jener geheime Schmerz macht uns erst für die Erfah-
rung empfindlich und insbesondere für die Wahr-
heit."
„Die Wahrheit ist dem Menschen zumutbar."
„Wir müssen wahre Sätze finden."
„Eine Poesie, scharf von Erkenntnis und bitter von
Sehnsucht."
„Alleinsein ist eine gute Sache."
„*Was wahr ist*
Du haftest an der Welt, beschwert von Ketten,
doch treibt, was wahr ist, Sprünge in die Wand.
Du wachst und siehst im Dunkeln nach dem Rechten,
dem unbekannten Ausgang zugewandt."

Elisabeth Wandeler-Deck

nichts, aber

Duft eines Mannes, eine erschöpfte Frau und ein etwas magerer Schluß, neben ihr warten andere auf die Tram, hin und her verschoben in Zwischenräume entfallen eingebildet die wievielte Baustelle, Ort, Zeit, waldfüßig weißliche Anemonen feucht aus der Hand eines Kindes, Geschlecht, Alter, zugehörig einer tiefstimmigen Sprechperson, der Grenzabstand ist einzuhalten, der erforderliche Abstand zum Wald eingezeichnet auf dem Plan, den eine unter den andern Arm klemmt, während die Hand den Mantelkragen richtet, die Tasche muß festgehalten bleiben, da ist manches unklar, eine muß jetzt zur Sitzung, Fundamente verschieben unter heutige Bedingungen, da blieb manches unklar, überwehen, sagte sie, überwehen womit, was ist es, was da zu kurz greift, Hirnhände, sagt sie, sie bräuchte mehrere,

ja, zuerst war uns die Architektin innerhalb eines längeren Satzgefüges nur ein Satz, eine Möglichkeit *Geplünder*, Sie erinnern sich, wir fanden ein Zutragen vor ein plötzliches Fest ein Abhalten eines Festes unverhofft, es blieb die längste Zeit offen, wer gefeiert wurde, grundlos ein Einfall, wurde abgehalten eingefallen, die Halle

76

hatte schon einige Zeit leer gestanden, Sie erinnern sich gewiß, ein freier Flußraum, ein Befreien eines Flußraums, von hineingebauten Hallen, da trafen in den seltsamsten Aufmachungen selbsternannte Gäste ein, aus den Wohnungen, den Ladengeschäften Petarden sollten abbrennen, da kamen endlich Feuerwerkerinnen auf *Verkehrswissenschaften* von Dächern herab ein Knallen in den Straßen vom still herüberliegenden Ufer über eine Gemüsebrücke zu einer Fleischhalle, war sie uns eine Ansage, erinnern Sie sich, auf einen Sprung waren Sie gekommen, so riefen Sie, später erst kamen Barrikaden auf gegen Fahrverkehr *Gerede*, nein, heute nicht, erwarteten Sie einen Anruf,

nur sie. Eine mochte den Satz mit etwas lauterer Stimme gesagt haben, ein herumliegendes Buch aufgegriffen den Satz vorgelesen, beiläufig zufällig wären wir der lesenden Person etwas näher gerückt, wir hätten, Sie erinnern sich also, im nachhinein den Satz nachgesprochen, die ihn bildenden Wörter gedehnt, ergänzt, sagen Sie nun, zitiert, Sie erinnern sich nun, aus einem in der Tageszeitung erwähnten Text gesagt zu haben, anzunehmen ein Bezug zum Stattfinden oder Planen, nämlich einem Niederreißen, *am richtigen Übergang sind sie nicht gerade ungehalten, daß man am falschen Übergang war, aber es wird schon wieder geflüstert, man denkt, man hat einen Fehler gemacht und hält den Paß hoch, jetzt wird Schlagermusik angedreht und die schönsten Pässe bekommen einen Stempel,* Sie erinnern, später wurde getanzt,

nicht, Sie erinnern nicht sich, die Autos bei geöffneten Fenstern im Schrittempo, die halb gesagten Sätze bei voller Lautstärke, also lauthals zum Erschrecken, so

sagten auch andere, grundlos Momente des Glücks bei
absichtslos tosendem *Blackout* Lichtbruch im Augenblick des Kirschbaums Aufblühens *tobender* Blust nein,
Sie haben sich getäuscht, Sie dachten, sie wäre es, während Nachmittagsstunden warteten Sie, ich erinnere
mich, Sie sprachen von sich als von einer leidenschaft-
lichen Warterin, Sie lächeln dem Wort zu, heute nicht,
Sie weisen es empört in seine Schranken,
während Nachmittagsstunden Melodien Plünderun-
gen ruhige Abende, Sie ertappen sich beim Versuch,
eine Abfolge zu behaupten, von Wörtern in Sätzen, ein
Satz, beiseite gesagt, mochte Anlaß gegeben, sich Ihnen angeboten haben, es wäre heiß gewesen, vielleicht
hätten Sie sich einen Motorenschaden gedacht, nein, so
nicht, Sie wünschen Einbindung in Satzfolgen, einen
Bericht, eine Berichtigung, Sie wünschen sich von
Verrichtungen Folgen,
von Sätzen, die eine bände in Erzählen *Sie blickte in
Richtung* des Fließens, flußüber fiele ihr ein Milchiges
auf, eine Art Leuchten des Uferhanges aus dem Gewäs-
ser oder eher des Festen eines dicht bebauten Geländes,
sie ersähe doch eine Reihung von Ortschaften aus der
wechselnden Dichte der Lichtpunkte über verkreuzten
Straßen, die sie sich im Dämmer freundlicher dächte,
die Beleuchtungen in Zimmern höben sich noch kaum
ins Helle des frühen Abends, sie dächte sich einen Ort
heraus, den sie erreichen wollte, sie wüßte ihn aus
einem Erinnern in ein Gedächtnis hinein, hingerichtet
über Treppenstufen oder gewalzte Wege zwischen
Rebstöcken, sie dächte sich hinüber an das Gegenufer,
der Fluß erschiene ihr jetzt breiter als vorgestellt, sie
führte eine Fähre an, weitere Fährboote wären aufzu-

führen, hellerleuchtet übergangslos zum Schatten-
schwarzen einer Stadt plötzlich, ein Reißen der Zeit
wäre zu nennen, sie träte vom Fenster ins Innere der
Wohnung, als sähe sie sich im scharfen Leuchten der
Nachtlichter ertappt, hätte die Lichtflut ein Scheinwer-
fer sie ins Gesicht geschlagen, als sähe sie sich erwischt,
könnten Sie jetzt sagen, Sie sagen es schon, ja, Sie
lieben dies plötzliche hinbläuende Aufleuchten der
Dinge, die andere, sagten Sie, wäre,
Ihnen, die längste Zeit nur eben eine zufällig vernom-
mene Folge von Wörtern gewesen, gewiß, ja, Wörter
in grammatischer Verbindung zueinander wie *Sie
wohnte an der Neugasse. Draußen ist* schon wieder Morgen, ist es zu hell, schmerzen Augen, geht keine Rechnung mehr auf. Da haben Sie Ihre Folgen. Da standen
Sie nun mit der Zeitung in der Hand, ich kämpfte gegen ein Würgen an, Sie sprachen weiter, jedenfalls
schien es mir so, als ließen Sie Ihr Reden umlenken, als
ob Sie nun von ihr redeten, als einer, lassen Sie mich
erinnern, ja, oh, ich schaute nicht zu Ihnen hinüber,
Sie saßen am Nebentisch, Sie sprachen auf Ihren Be-
gleiter ein, ich schaute durch das Fenster geradeaus
vor mir, ich saß mit dem Rücken zum Lokal, ich
blickte über den Fluß, der Fähre nach, augenblicklich
hatte es eingedunkelt, man hatte schon Licht gemacht,
ein Gewitter, sagten alle im Chor, sie hatte noch kein
Licht gemacht, hörte ich Sie sagen, erzählten Sie, lasen
Sie ihm vor, ein Taumeln oder Hinfallen, eine ärgerliche Stimme,
männlich, Einzahl, da wäre die Figur eines Kollegen
auszuarbeiten gewesen, befasse ich mich nun mit der
Architektin, beiläufig, in Erwartung des Gewitters, aus

den Ohrwinkeln, lächelnd, aus dem Handgelenk, schweißnaß *Irgendwo in der Innenstadt*, am Werdmühle-platz, nicht schlecht, Ihnen mag das wenig bedeuten, arbeitet sie in einem Büro für Rekonstruktionen, ja, klar, sagen Sie nun, wo denn sonst arbeitete eine wie sie, so konnte das nicht weitergehen, diese alte Sucht nach Neuem, wo führte das eine hin, rasche Schritte also zwischen Zeichentisch und Planablage, zwischen Archiv und Grabungsstätte, hin und zurück, Vermes-sungen, Abschätzungen, weggedrängte Tagträume unter abgelassenen Putzschichten, in zwischen Häu-sern so hieß das, Ehegräben *Vertragsgräben* rechtens und unüberwindlich Schlaflachen zwischen Brückenpfei-lern hin und zurück dort, wo unter der Fahrplatte, die keiner und keine je benützt haben werden, wenn nicht zögernd, im seichten Fließwasser, wo sich Schatten-licht brechen mag, wenn sie hinschaut, der Fischreiher zustößt,

in abgelegte Vergriffe, zurück und hin, immer in Stök-kelschuhen, die Lustpest zu bereiten, sagte sie, sobald die Aufmerksamkeit sich auf eine Frau richtet, das war ihr Satz, wird sie zum Gegenstand und verschwindet, werden Sie später gesagt haben, unter Tränen, ich habe Ihre Tränen nie verstanden, sie waren Ihnen peinlich, ich tat, als bemerkte ich Sie nicht, da standen Sie denn, mit der Zeitung über dem Kopf, mit den Pumps unter den Armen, in bloßen Füßen, im Gewitterregen, eine erschöpfte Frau, Sie sprachen weiter,

wäre sie eine Ansicht gewesen,

gleichzeitig Aufsicht und Durchsicht, über die in das Licht schneidenden Eisenträger einer Fleischhalle hin-aus, taugt nicht, wenn sie, den Lichteinfall im Rücken

über die Wortgrenze hinaus sich für Dachkonstruktio-
nen interessiert, hängt ihr Blick ins Gefache zählt Bol-
zen ab ergänzt abgeplatzte Schweißnähte durch For-
meln des Berechnens, sie hört Niethämmer schlagen,
da ist sie anderswo und anderswann, da kann es sehr
kalt sein sehr düster, von unten heraufgespiegelte Dü-
sternis ungewaschenen Wassers öliger Farbfilm, sie
entsänne sich, sie hetzte zur Anlegestelle hinunter, sie
liefe der Landungsbrücke entlang, sie bespränge den
Steg, der gegen die Auflage ausgefahren gerade noch
anläge von der Quaimauer zur Bordwand hinge, das
Fährschiff legte ab, und wenn ich die Anordnung mißachtete der Dinge,
Wörterdinge, der Knöchel schmerzt, an den Zehen des
rechten Fußes etwas Haut abgeschürft, *die Außenseite
von Ferien, Gesine,* nun reißt sie doch das Fenster auf,
und wäre sie bloß das Ausdenken einer nervösen Bewegung gewesen ein hastiges Bewegen des roten Fahrrads
ein Befahren einer Neugasse im Unterschied zu einer
Erinnerung erst aus größter Distanz stimmfähig. Orts-
besichtigung oder Anhörung, nun muß entschieden
werden. Einer Stimme zu horchen wenn nicht wort-
schlaufig. Bestimmen des Datums wenn nicht schon
heute. Was nach einer Vergangenheit aussähe, nach
einer Zeitverhöhnung grammatisch ein Ding hat nur
Gegenwart *Zeitverhörnung* oder Verhornen von dünn-
sten Seelenhäuten ausdauernd nach innen höhnen, wie
kommt sie dazu, dies zu behaupten, nicht in einen Ja-
nuar hinein zu wollen oder einen Mai oder November,
bitte, was kann ich schon wissen, wenn es nach B.
ginge, bitte, was soll da gesagt werden, angenommen,
da wird aufgerollt, abgewickelt, beabsichtigt, wie also

verfahren, sobald du, ruft der Träumer, dich auf sie richtest, erstarrt sie und wird zum Gestell, wie also verfahren,

wäre sie vorerst ihr eine Geste gewesen,

augenblicklich in geringer Eile ein rotes Fahrrad gegen den Maschenzaun gestürzt, der die Hecken des Parkes vor den Einwirkungen der Fußbälle schützte inseitig und vom Gehweg her, geht das, ist das vorstellbar, das Fahrrad also von der Seite der Wiesen her, hätte sie es über das abtrocknende Gras geschoben, was einer eine hätte bemerken müssen, ein Hinrücken oder den Maschen einschieben des Handgriffs anketten des Fahrgestells usw., einer die dort zu wohnen gekommen wäre, auch wenn die Wohnungen sonst Angestellten der Bundesbahn vorbehalten, gegen den Viadukt hin, von Westen her nähert sich kaum jemand zu Fuß, da fahren die Lastenzüge, was können wir wissen ach, schrieb M., *ach sie habe (herumgebrodelt), den ganzen Tag nur von sich selber geredet: er möge verzeihen!* wenn überhaupt, wenn noch, wenn, wäre, sozusagen erst aus größerer Distanz ein Stimmen Hinstimmen aus dem Schwirrohr, immer dieses Ohrengeschwirre diese Gewirrnis, Gewahrnis zu hören ohne noch zu sehen ein Wortgeschlaufe *Zitatwirrnis, ruft der Träumer*, jetzt blüht der Birnbaum schon, schon haben wir den Kirschbaum verpaßt in seinem Lichtgeschwirre mitten drin im Haus drinnen der Zweig ein abgeschlagener, also in seinem Wachstum eingestellter der Vase eingestellter gegen das Dachinnere blühende Birnast kaum kommt schon Licht durch die Dachluke ist ein Frühlingstag hereingebrochen *Tagesschrecknis* schreckungshalber, wenn nur der Mond halb zu sehen wäre, ruft sie durch die

82

Dreifachverglasung, ins Nachhinein zufallen, welch schreckliches Vergnügen, *du betreibst, ruft der Träumer, ein mir fremdes, dir vergnügliches Plagieren, wie soll das weitergehen*, nun reißt sie doch das Fenster auf, doch eine Gegend berufen, frühmorgens schreibt M. *eine verschiedene Beschaffenheit, rufe ich, der Luft und des Lichts* sie schrieb, daß ihre ganze Aufmerksamkeit nun von einer Sinneserfahrung zur anderen wechselte *nämlich vom Gesichtssinn zum Geruchsinn*,

der Mann unterscheidet sich oberflächlich von der Frau, dies läßt übersehen, was ihn ihr ähnlich macht, ruft Iwa,

oder wäre sie eine Beiträgerin zu nennen, was ist schon eine Architektin, sagt Iwa, überholt ein Fachwerk aus Eisenträgern von der Brücke herab Kontrolle der Ausführung,

heute, an diesem Datum 23. April, größte Frühlingshitze zerfließender Asphalt macht voller Duft ein angehalten Innen und an den Schuhen klebt Kaugummi, macht sie sich ein Lied drauf mit verhaltenem Fuß, die Stimme und ein Verhalten von Macht den linken, kräftigeren Fuß fest gehalten von doch winterlichem Schuhwerk, eine Architektin in Eile schlecht gemacht am Körper eine Feststellung, sagt Iwa, nichts weiter, zu beschwichtigen wenn möglich am Baukörper ausgleichendes Regulativ genannt und eine wertvolle Ergänzung des Architekten, machen Sie sich einen Reim darauf, was kommt dabei heraus ein Möbel oder wie heute jetzt etwas atemlos. Und weiß den Namen nicht mehr der Architektin, erinnern Sie sich, nichts gegen Hinbauten, oh, eine Art Duftkiste prostitutiv hingestellt, Sie wissen doch, oh, sie stützt sich gerne ab, auf eine

Fleischhalle, auf eine Anzeige zu einem Fest, Abschiede, einen Barkörper etwas atemlos bestellt Iwa und trinkt den Kaffee noch fast zu heiß, in der Art eines Denkmals, von innen anzusehen ein Kästchen oder Kasten beste Arbeit geschreinert, oh, sie schaut gerne über die Bar hinweg aufs fließende Wasser, nichts gegen Einbauten an Flüssen, schon hat sie sich daran gewöhnt, sagt Iwa, schon liebt sie das Bauwerk, schon hat sie vergessen, worauf es gründet, bin ich verspätet, zahlen bitte, schon ist es halb fünf, bitte zahlen, schon verschreibe ich sie mir als die Architektin, die den Fotografen das Bauwerk zu fotografieren anleitet bauführungshalber aufgeregt *verwildert, ruft Iwa, ich bin schon ganz verbildert, hören Sie auf, stellen Sie ein*, daß sich Erinnerungen einstellen, was können Sie dafür, bitte, nun haben Sie das entzückende Bauwerk erfunden, nun kann ich in diesen wohlgestellten Schrein treten, was ist die Macht einer Architektin, frage ich, ich bitte um Pläne,

dann war sie eine aufgeschürfte Haut aus größter Eile herausgestürzt, ist es leicht, jung zu sein?

wird eingerollt hereingerollt die Architektin, sie, die einrollt die Plankopie Fassaden eins bis fünf Axonometrie und so weiter wird hereingegrollt über Treppen gerollt, wie hat sie es gemacht, ja wußten Sie das nicht, gleicht sie gleitet sie sich an, da wird sie hereingerufen, da ist der Chef schon gesprochen, da hat der Kollege schon gemacht, da wird herumgehangelt aufgespielt befaßt, da wird aufgestellt hergeredet, wie also mit dem Gebäudekomplex verfahren Abriß oder Umbau, da wird eingestellt umgehalten, da befaßt sie sich aus den Augwinkeln, was denken Sie, *mit mir bloß und beiläufig süßer Duft eines Mannes* wie das so geht an einer

Sitzung mit Vorgesetztem mit Auftrag hat der Kredit schon gesprochen, was gemeinhin unter einer Frau verstanden wird, nimmt zunehmend den Charakter des Verkehrten und Falschen an, sie plädiert für Plastikhäute im Wind expliziert die Pläne, weitere Wandgebiete zu entblößen auf Eingeschriebenes hin, sie setzt auf neue Lichteinfälle, schon ist abgesichert, daß es sich um eine Markthalle handelt, nachweislich liegen Ihnen archäologische Gutachten vor, die Architektin verweist erneut auf Dossiers, gewiß haben Sie diese längst studiert,

durchbricht sie Herzwände Papier und sucht doch die andere Seite nicht. Liebesdienstlich deutbar penetrant eine Person unverrichtbar Schmerz ein Beleg von Wänden mit Licht oder Zeit, sie zieht eine weitere Haut ab,

Grenzabstände sind einzuhalten, zum benachbarten Grund, auch daran hält sich eine Architektin, oder traurig Graugänse sich herabsetzen niedergehend auf Weidländer stromaufwärts, da blühen Zwetschgenbäume, in Zwischenräumen übrigen Quadratmetergebiets, sie notiert sich das zwischen die Abfolge einiger Skizzen *Bauvorschriften nutzen als Wortbrüche*, wenn das Baugelände nicht an weite Kiesgewinnungsgebiete grenzte, Ort, Datum, wieder aufnehmen, für Steinbrech ist die Jahreszeit noch zu wenig vorgeschritten,

da wäre eine ein Name von Straße Neugasse eine Adresse für neuzuziehend Geheißene vom Bahnhof nicht weit, da liefe sie zum Bahnhof einen eine zu erwarten. Da gehen viele. Ist Arbeitsschluß gestaffelt sie ginge da, den Gleisen entlang, weil da heller ist, da wäre ein Satz zu nennen ihre Gestalt anzuschreiben da wäre doch hinzuschauen wichtig da wäre sie anzublikken gewesen, da hätte sie erkannt werden können, hätte da plötzlich eine gerufen Iwa anstelle eines andern Namens B., es mag wenig bedeuten, wäre eine dahingegangen, unbemerkt,

hätte eine gerufen *es mag wenig bedeuten* und keine Antwort erhalten, falls Sie nach ihrer beruflichen Stellung fragen, Angestellte, oft wird eine ihres Berufes wegen danach gefragt, ob ihr auf Baugerüsten nicht schwindle oben an der Dachneigung in der Dachkante geht die Frage nach der Angst einer Architektin,

obwohl sie gar nicht mehr da ist,

das flammende Herz abgebrauchtes Herzgeflämmel von Ziffer zu Ziffer am Trommelfell Erschütternis Schlagpuls quarzgetrieben schon ist sie wieder im Rückstand von Flennherzen abgerieben eine Weckerruhe Abreibeziffern, Sie kennen das gewiß, Sie verschieben das Blatt mit den Zeichen Ziffern über der Unterlage, noch ein weniges nach oben, schon zu weit gerückt, mit dem stumpfen Ende eines Stiftes reiben Sie die Ziffer oder das Zeichen, bis Sie zum Beispiel die 5 nicht mehr erkennen durch das transparente Blatt, Sie ziehen, fast widerwillig löst es sich aus seinem Haften an der Zahl, die 5 sitzt schief, Sie kratzen die Ziffer weg, wiederholen den Vorgang, dabei hätten Sie anderes zu tun, es wären Termine einzuhalten, wichtige, sie wollen diese 5, sie streichen aus, ziehen ab, wie unprofessionell gehen Sie vor, mögen Sie von sich denken, sich dazugedacht haben die Zeit verrinnt in ihrer Funktion, dann zeichnete sie die Figur eines Menschen neben die Ziffer,

später war sie uns ein gleichmäßiges Ticken über der Breite der Straße, je länger der Mittag dauert, das schönste Grau, dazwischen liegen, sagt Iwa, und rot findet nicht statt, der See riecht nach Schlamm, es wird Regen geben, kaum rinnt die Zeit, ist es gestern. Die Sonne scheint jetzt stärker durch die ausdünnenden Hochnebelschichten das Tikken oder Brummen des Papiereinzugs vermischt sich mit dem Geruch, der entsteht, wenn eine Schere weder geradlinig noch ungenau durch eine gerade eben ausgerollte Plastikbahn fährt, Iwa zieht mit dem Papiermesser, was besser geht, die Nachzeichnung des Schattens ihres Körpers auf vorläufiger Außenhaut des Bürogebäudes, dessen Umbau wir durchführen, ab, umschneidet also, was sie gewesen war, eine ihr unvertraute mir schattenrissige Absicht, exakt so, ruft Iwa, ein neuer Vorschein, nun im ungedämpften Gegenlicht, ein schöner Herbstnachmittag bricht mitten in den Frühling, das Surren des Papiereinzugs bricht ab, wir hören Nebelhörner, wir sehen den Dampfer nicht, was das Vertäuen von Absichten angeht, ruft Iwa durch den fehlenden Schatten, da wären doch eher die da draußen zuständig,

muß eine nach Jahren noch immer sich einüben in den Gedanken dieses Sees, den sie sieht als einen Fluß zum Meer mit Fährverbindung querüber nach einem Meilen einem dem Rebenwuchs günstigen Abhängen des Grundes in unmerklich Abfließendes bloß,

während Tagen bleibt sie stumm,

Herzkäuzchen eine Falterin, ruft der Träumer vergeblich, da war sie von Einzelnem zerfällt verstreut etwas abgehoben gewesen auf einem Balkon über Balkonen, da war es über sie hergefallen, sie wischt sich mit den Händen über Gesicht Nasenrücken Wange gleich gültig ihr

die Brüstung das Geländer nicht der Mund wäre sie ein
Singen gewesen, in den Abend, eine Nachbarin hätte
sie gehört haben können während Tagen *im Dämmer
ruft der Träumer Faltkäuzchen eingefaltet hebt ab* Sie fragen, wie eine dazu käme, fallen doch Stimmschwingen
doch nicht mir nichts dir nichts von Nachtvögeln ab
auf Balkonplatten, die den Garten meiden und nicht
meiden, zieht sie doch Tagfalter vor,
verläßt eine Architektin Leimstift auf Zeichenplatte
schwarzen Filzschreiber Durchscheinpapier ins Dunkel
des Waldrands gegen plötzlich grellen Frühling, zer-
trennen Ort, Datum, was sie liebt,
in Plastikhäute verwickelt erstickte eine einer leicht,
sage ich zu Iwa, ist es die schwere Qualität von Bauplastik, Iwa geht zum Treppenhaus zurück, studiert
die Verbindungen zwischen älteren und neu hin
gebauten Abteilungen, sie setzt einige Notizen in
mein Skizzenbuch, sie sagt, was sie zusammengefügt
hat und wann, die Dehnungsfugen sind in Ordnung,
in Bauplastik eingewickelt Iwa, so geschützt gegen
den Sprühregen die Figur eines Menschen als ob angezeichnet auf den Gerüstplanken, hin und her, sie ist
geschäftig, denke ich, das kommt hier nicht darauf
an, die Fenster sind schon entfernt worden, Rekon-
struktion oder Umbau, noch ist nicht entschieden die
Bezeichnung des Vorgangs, das Konsortium, sage ich
zu Iwa, mag vor dem Konkurs stehen, wer weiß
das,
zu fragen nach den Belüftungsvorrichtungen dem Auf-
bau einer geeigneten Dachhaut, ja, die Stimme, ich
erinnere die Stimme, ja, Jalousien Nebensätze von Mo-
menten des Glücks, das Einrichten einer Baustelle er-

fordert größte Umsicht, kommen Sie mir nicht mit Fertigem, es gibt wenig Gründe, nicht nach ihr zu fragen, Iwa genügte zu wissen, daß Verwicklungen sich so oder so einstellen, es kümmerte sie nicht, es möchten sich Gelegenheiten ergeben, es ließen sich Orte für Zufälle finden da und da, wenn nicht Neugasse, dann doch, gerüchteweise, vor Blumengeschäften in glänzendes Kehlenfell sich zu verbeißen, hätte sie nun doch gepackt die Atemkrankheit darüber, daß Iwa

dann wäre sie eine Mitteilung gewesen, die ein anderer erhalten hätte, wäre eine von der Neugasse weggezogen, wartete einer mit fremdem Namen auf wartete die Maschinen, es wäre doch ein Mühlengebäude gewesen, hätte ihr die Bezeichnungen doch zugerufen Kurbelwelle Niethammer, eben gerade, ein Entzücken am Leuchten der Dinge, hätte er sie abgehalten aufgebracht angesagt in Satzsprengseln ein Traum Springwörter demandez pure life products die erste Singamsel jetzt an diesem Tag Iwa Flügellachen wenn sie der Straßenbahn nachläuft und es ist ein Sommertag gelächert Sprenglinge flattern aufgescheucht in ihre gleichmäßige Aufmerksamkeit auseinander *Handspätzchen* ist eines die Replik auf das andere Luftfest zu bestreiten, zurück und hin,

müßte auch die Rede davon sein, was einer so durch den Kopf ginge, während sie über die schmale Breite des Sees blickte, in den sie sich schon geschickt hatte, über das Wasser hinweg über die Krete des Bergzugs hinausdächte, wo eine Wolke hinge an schmalen Dunstfingern des Föhns, der ihr Wohlbefinden verschaffte, in Nebelfäusten sich verfänge, die Schneefälle voraussehen ließen, Fallwolke *Niederschlagswolke* ihr

Alexandria einfiele, wo sie doch nie hingekommen war, sie lächelte, was Sie bestätigen werden, sobald Sie nur nahe ans Fenster treten, im Innern des Zimmers ist Licht, sie wäre an ihrem Arbeitstisch nahe am Licht, achten Sie, wenn Sie sich ihr annähern, auf die Narzissen, noch blühen sie nicht, noch können Sie sich nicht nach ihrem Duften richten, Sie dächten sich eine als einen Duft aus dem Vorbeigehen,

undeutlich ihrer Haut aufgeprägt eingeschürft Spaltkiesel Schotter niemand kann das sehen *solch anschwellende und ablassende Heftigkeit,*

sie ruft Ich zeichne Gehäuse nach mit Innenwänden nach außen so geräumig und variabel, damit wir dort aufeinander zu laufen aus Mangel an Erinnerung niemals gegenwärtig, wer kann das sagen, so konnte es nicht weitergehen, sie zählt Trümmer auf *Träume* der Geschichte Scherben auf ihren Augen von Wörtern belebt sich ihr Gedächtnis zu einem weiten Land ein weiteres Wandgebiet entblößt, ruft sie, Sie kennen das doch, die längste Zeit ablesbar der Gebrauch eines Hauses an Wänden gegen den Zwischenraum hin Anordnung von Bildern Schränken ist Außen was Innen enthoben die Menschen, wieviele es sind, jeweils, als Einzelbild stereoskopisch plastisch zum Weinen Subtraktion. Gleichzeitig Aufsicht und Durchsicht die Figur eines Menschen, weiblich, männlich, angezeichnet ein dumpfes Knistern, Rieseln, wie ist das möglich, wie kann das weiter gehen, jedoch, woran erinnert sie sich, hören Sie nicht hin,

eingewalzert ihrer Haut ein Verfahren McAdam über Schnee Split Ausrutscher über die Breite der Fahrbahn schlittern mit tobendem Fahrrad, ja bitte, die aufgeris-

senen Hautpartien heilt Vindex trocknet Tränen eingeschrieben nicht eingehalten. Da fiele ihr das Einsinken
des Jeeps in weichen Waldboden ein, eingeritzt tiefe
Schleifspuren in Kalksteinplatten, wenn auch nutzlos,
riefe sie, wieviel schöner doch grüne Tannzapfen wären, aufgeregt Bucheckern aufgesammelt zur Ölge-
winnung, ein Taumeln oder Hinfallen, sie dächte ihre
Schritte rascher den andern folgen zunehmend eilig, bis
sie vorausliefe in den Feiertag hinein vom Sagenhören,
wie also verfahren,

sie hätte den Waldgänger und Stelzenhüpfer hinter sich
gelassen mögen, mochte er mit dem Jeep machen, was
er wollte mit den Namen für Dinge EchoLinde Fall-
Wolke JuraKalk mit den Namen, die *sie ihm gab Welten-
beschreiber Rätselaufgeber* von Asphaltbelägen Nachteile
für Fußgängerinnen seien ihr nicht bekannt,

als ob sie in den Fall liefe *Blätterfälle*,

wie also verfahren, wenn nach dem Gewitter flach
Laub geschlagen von einer Zeile, die nicht mehr da ist,
manchmal, wenn heute Sommer ist, schürft sie sich aus
Mauersockeln stürzend in ihrem großen Glück die
langsamen Fußfinger rutscht sie in den Laubfleck vom
letzten Herbst, sagt der Träumer von Kalkmergelbö-
den und Kiefernadelteppichen Lichtspringseil, *es ist ja
nicht so, sagt der Träumer, nicht wahr, sagte der Träumer,
ginge er vorüber, wäre er nicht längst hinüber,* unter seinem
Haustor im Eingang, es gibt ja so viele, nicht wahr, in
flach zu spannenden Bögen von Zeit unsanftes Auf-
springen von Knospen bei lostobendem Kirschbaum-
blühen Lichtbruch, *sagt M. tobender Blackout* des
Glücks, fotografiert sie eine Fotografie über ihren Rük-
ken hinweg, lassen wir das, lassen Sie das also, diesen

blendenden Lichtstreifen, den das Fensterloch also die Dachtraufe dem Fensterloch zufügt, wie also verfahren im Zustand der Blendung, wenn nach dem Gewitter,

wo es ist, es ist ein Flackern, blau und weg und blau und weg, und bleibt stehen, ihre falsche Spur Raub der Flammen oder so sagt man nicht wahr,

sie wäre in Amerika gewesen, was nicht erwähnenswert ist, heute kann doch wer will,

also war es doch B., *17 h B anrufen / die Satzgruppen für Schachspielen liegen brach, einige andere Satzgruppen erleiden auch Einbußen,*

dann war sie nur noch das Geräusch einiger Schritte, waren es die kleinen Eisen, wie sagt man, Pfennigabsätze, erinnern Sie sich doch, eine ärgerliche Abfolge von Schritten, war es die Anordnung der Fensteröffnungen, die Fenster müssen offen gestanden haben, nicht wahr, Sie erinnern, die geöffneten Fenster und dann der Wortwechsel *Sätzewerfen* sie lief weg, was war geschehen, Sie selber waren da gerade erst zu uns gestoßen, das ganze Gebäude eingerüstet, da wurde die Fassade gemacht, sie war Ihnen unruhig vorgekommen, sie hatte sich Notizen gemacht, sie schien nicht auf das zu hören, was wir sagten,

es wäre der See gewesen, was sie den Fluß nannte, die Fähren kreuzen sich halbstündlich in seiner Mitte, sie kann sich richten sie richtet sich aus, verrichtet noch einiges, das zu erledigen ist, was zum Täglichen zu rechnen ist sie richtet Iwa einen Gruß aus, von Ihnen, kann das sein, Sie grüßen, kennen Iwa, längst schon, wenn ich das gewußt hätte, Sie nennen einen Namen, den ich nicht,

Yla Margrit von Dach

Durchbruch

Sie las:
„Ich habe gewußt, daß dies auch die Welt ist, warum
bloß gewußt, ich habe gewußt daß die Zutaten, die magischen, meiner Welt, von meinem Aberglauben be-
vorzugt waren, ich habe gewußt, daß man die Zutaten
ändern kann, aber die Erfahrung der Variabilität war
darum nichts weniger als eine Verkündigung. Wer
zweifelt, daß man Wasser auch mit der Hand aus dem
Fluß trinken kann, wer, (daß) man in andrer Tempera-
tur leben und überleben kann? Das sind die Wißbarkei-
ten. Die Verkündigung ist von andrer Art. Ich bin also
zu einer Predigt gekommen, die niemand gesprochen
und unter keinem Tempeldach gehalten hat, zur Pre-
digung der Wüste und unformulierter Gesetze, zu
Schlucken, Bissen, Gängen, Schlafarten, die unter
einer dünnen Kruste von Verständnissen andrer Art auf
ihre Stunde gewartet haben, auf das mystische Zusam-
mengehen von Einatmen, Ausatmen, Gehen und Ru-
hen, auf das Halleluja des Überlebens im Nichts,
(–––)"

(*Der Fall Franza*, Fragmente zum dritten Kapitel)

93

Im Nichts.
Wo nichts mehr ist, von dem, was eine Welt
zusammenhielt,
wo alles aufgegeben ist, was Bestand
zu haben schien,
ans Unbeständige zurückgegeben, in dem sich
niemand hält, da,
wo sich ein Ich verlorengab –
ans Leben –
da geht, aus dem Schoß der Welt ins Nichts
geworfen,
aus dem Nichts ein Halleluja wie eine Sonne auf am
Horizont.
Und alles ist.
Tag und Nacht.
Und niemand fürchtet mehr, was ist.

Weltdurchlässig, dachte sie, und die Welt durchlässig,
wie für ein Neutrino, ich wäre ein Neutrino, und das
brachte sie beinah zum Lachen, *masselos*, maßlos,
dachte sie, *linkshändig, nahezu unmeßbar klein, aber nicht
gleich Null*, das hatte sie anderswo gelesen, so stellte sie
sich das vor, Halleluja.
Nicht das Überleben im Nichts, sondern Leben,
dem wohl ein Überleben vorausgegangen sein mußte,
für einen unvorstellbaren Augenblick, einen unvorstellbaren Anblick lang, dem es standzuhalten galt, bevor der Tod ins Leben umschlug, nicht in ein jenseiti-
ges, nein, sagte sie, weder Jenseits noch Zukunft bitte,
Jetzt.
Hier und jetzt.
Es war gar niemand da, gegen den sie sich verteidigen

mußte, oder doch, oh doch, sie saß auf dieser Terrasse, die keine war, vier Mauern, unter offenem Himmel, da waren sie alle, Steinköpfe, und starrten sie an. Vier Mauern, eine im Osten, eine im Süden, eine im Westen, eine im Norden, Himmelsrichtungen nennt man das, dachte sie, aber der Himmel war oben, nur oben, da wo einmal ein Dach gewesen sein mußte, es war ja undenkbar, daß jemand eine solche Terrasse gebaut hatte, irgendwann, von wo man nirgendwo anders hinsah als in dieses Blau, durch das die Vögel flitzten, ein helles, tiefes Blau, eine Sinnestäuschung, dachte sie, das gibt es auch nicht, dieses Blau, kein Farbpulver in der Luft, nichts dergleichen auszumachen, nur Staub, das am Staub gebrochene Licht,
in meinen Augen.

Da war sie wieder, mit Augen und allem, und hundert Gesichter ringsum, die sie entschlossen als die ihren betrachtete, ein häßlicher Haufen Feindlichkeit, das Neutrino verflogen, wahrscheinlich geradewegs durch den Haufen hindurch, während sie bleischwer dasaß im Schattenwurf der Sonne, die unsichtbar den Tag antrat und aufstieg auf die Mittagshöhe, dann würde das Terrassenviereck ein Steinofen sein, eine Wüste, eingemauert in den schweigenden Nachmittag, in dem langsam wieder Schatten wuchsen und die späte, sommerliche Nacht, da war sie wieder, und nachts konnte sie zu den Sternen hinaufstarren, immerhin, in das Blinken, das ihr mit Millionen Nadeln den Verstand zerstach, der es doch nicht aufgab,
er wollte nicht aufgeben. Ja.
Das war es.
Und auch das begriff sie nicht.

Jetzt wütete sie wieder. Brütete.

Sie dachte an jene, von denen es hieß, daß sie Leuchtkäfer ausgeschickt hatten, in die Nacht und über die Grenzen, sie dachte an eine, die den Funken aus sich schlug und daran verbrannte, sie dachte an Opfer und an Täter, und dachte, man weiß nur, daß es weitergeht, immer weitergeht, und wo das angefangen hat, kann niemand sagen,

niemand will es wissen,

man weiß nur, daß sie alle die Erklärung suchten, Sündenböcke durch Jahrtausende, die Alten, die Weisen, die Wütenden, die Heiligen, alle suchten, die Rasenden, die Liebenden, die Hassenden, die Herrschenden, die Opfer – alle

Mach dir nichts vor, schrie sie sich an, mach es dir nicht zu einfach, Täter und Opfer, willst du es wissen?

Ich will es nicht wissen, ich kann nicht, dachte sie, es bringt mich um, ich weiß es.

Es brauchte gar niemand da zu sein, sie allein reichte, bereits war der Krieg erklärt, der Rest war bloß Illustration, die Welt ein Spiegelsaal.

Ich bin die Täterin und das Opfer, ich bin der Täter und das Opfer. Wir sind die Herrschenden, wir sind die Unterdrückten, hörst du, ich sage es, ich sage es laut! Es war niemand im Haus, niemand konnte sie hören.

Sie schrie schon nicht mehr: Das bin nicht Ich, aber den Anblick konnte sie deswegen doch nicht ertragen, das Medusenhaupt, Perseus bin ich auch nicht, dachte sie trotzig, was kann ich dafür, und ich will nicht, ich will das alles nicht.

Das Opfer, dachte sie. Das.

Sie weinte ein wenig, es kamen kaum Tränen, wer sollte sie retten, vor sich selbst?

Stillhalten, dachte sie, standhalten, wenn es vorbei war, konnte sie den Spiegel aus der Handtasche nehmen und sich die Spuren aus dem Gesicht wischen, für den Fall, daß jemand heimkam, es konnte durchaus jemand heimkommen, ihr Gefängnis war mitten unter den Menschen, das Haus stand auf dem Hügel, unter dem Hügel lag das Dorf, ihr Gefängnis war mitten in dieser freien Zeit, die man Ferien nannte, der Himmel war ein südlicher, das Land ein friedliches, das Dorf schlief, die Zeit,

wie war die Zeit?

Frag mich nicht, sagte sie. Oder ich gebe dir Antworten, daß dir Hören und Sehen vergeht!

Jetzt hüpfte ihr wieder das Herz, so schnell wechselte das, schneller als Tag und Nacht, Welle und Partikel – das paßt gewiß nicht hierher, meinetwegen, dachte sie, hüpfend, ich hüpfe mit meiner Welt, ein Sandkorn hüpft im Kaleidoskop, ein Gedanke in den Jahrtausendmustern

Wahrheit auf Abruf. Jede Wahrheit gilt nur auf Abruf.

Ist das wahr?

Wo stell ich denn meine Füße hin? Wo lege ich meinen Kopf, den Kopf, wo lege ich den hin?

Sie legte den Kopf in die eigenen Arme, die wenig Trost boten, aber die Arme, in denen sie Trost gesucht hatte, waren ihr in schlechter Erinnerung, ob Mutterarme oder Männerarme, auf Abruf, Rettung auf Abruf,

97

es ist ein Irrtum, dachte sie und wußte, daß ihre Augen stahlhart geworden waren, wie sie sich jetzt ansah, oder härter noch, zwei ungeschliffene Diamanten. Das ist es, schrie sie, red mir bloß von Irrtum, du hast dich auch getäuscht, und die Liebe, die ist irgendwo, sie ist doch irgendwo!

Die Liebe.

Sie sah wieder nichts, sah nicht wo, sie sah die Mutter zum See laufen und sich in ihr Spiegelbild stürzen, wie schwer mußte sie da gewesen sein, um unterzugehen, man versinkt doch nicht so leicht, im Wasser, ist der Mensch ein Stein?

War ihre Mutter ein Stein?

Sie lag in ihren Armen, sie lief dem Mauerviereck entlang, sie ging durch eine Höhle, die Gouffre hieß in Reiseführern, Le Gouffre de, le gouffre: der Abgrund. Da war sie in einem Mutterleib aus Fels, wie konnte sie das Kind einer solchen Mutter sein? Sie war zu klein, zu winzig, aber jetzt hatte sie fast die anderen vergessen, sie war gar nicht allein, auf dem unterirdischen Fluß schiffte man zu Hunderten Menschen ein, Tag für Tag, und schiffte sie unter Tag zwischen den engen Scheidewänden durch zur inneren Kathedrale, hundertdrei Meter hoch, erklärte der Führer, und sie sah Säulen und sah Quallen, wie im Meer, die aus Wassertropfen entstanden waren, aber riesige, die immer noch wuchsen, aus Kalk. Ihre Schuhe waren naß, Schnursohlen, Schnürschuhe, Tausende waren hier schon durchgegangen, man konnte nicht stehenbleiben, es war Hochsaison, sie hätte gern die Lichter ausgeschaltet und alle Stimmen gelöscht, das Getrappel, um einen Augenblick zu horchen, in der Finsternis.

Jeder hat eine Stimme. Und ich kenne meine Stimme, ich habe sie ein, zwei Mal gehört, und da wußte ich doch: das ist sie! Verstehst du? Ich wußte es, und ich weiß, wenn ich mit einer andern Stimme rede, immerzu, ich weiß, wenn ich sie nicht gefunden habe, und weiß, wenn ich sie gefunden habe, aber wie ich sie finden kann, weiß ich nicht.

Sie schrie, aber die Mutter hörte sie nicht, sie schrie vielleicht tonlos, und überhaupt war die Mutter längst nicht mehr da oder gar nie da gewesen, sie hatte einen Abgrund als Mutter, aber nein, nein, sie war untergegangen, dahingegangen, sie hatten sie beerdigt, so war es wirklich, viel wirklicher, sie mußte ihre Gedanken in geordnete Bahnen lenken, zu dieser Beerdigung, zum Beispiel, und der Predigt, die ein Pfarrer da hält, der jahraus jahrein Mütter und Väter begräbt und von den Angehörigen, die das nur einmal machen – Mutter! Vater! – einen Zettel erbittet mit Angaben zum Leben, die lieben Verstorbenen, Angaben zum Leben, und das hat dann auf einem Zettel Platz. Keine Stimme, der Pfarrer liest: Hausfrau und Mutter, aber für den Vater wird es nicht besser sein: ein Blatt, ein paar Zeilen, wir gedenken in Liebe. Amen.
In Liebe.
Dahingegangen.
So leicht. Zettelleicht dahingegangen.
Die Welt bringt den Menschen um sein Gewicht, schrieb sie in ihr Heft,
der Mensch gibt der Welt sein Gewicht,
die Welt bringt den Menschen um sein Gesicht,
der Mensch gibt der Welt sein Gesicht,

das war ihr Zettelkasten, sie riß die Seiten heraus, da konnte sie wählen, Zettel ziehen,

die Welt bringt den Menschen um sein Gewicht, der Mensch gibt der Welt das Gesicht,

aber die Erinnerung liegt in mir wie ein Stein und zieht mich hinab, davon bin ich so schwer, von dieser vergessenen Erinnerung!

Sie schob die Blätter weg, es war immer dasselbe, sie stand auf. Sie spürte, wie es rann, es rann über die inneren Wände hinunter, es rieselte lautlos im Finstern und schied den Kalkstein aus und rieselte, immer neue Tropfen, während andere erstarrten, und unten, ganz unten war der See.

Ich geh dir nicht nach, sagte sie leise, ich gehe zum See und schaue ins Wasser und springe nicht hinein. Oder ich springe hinein und tauche zum unteren Ausgang. Ich halte den Atem an. Dort ist die Quelle, meine Quelle, hörst du! Deine.

Die Quelle.

Im Mauerviereck war kein Schatten mehr. Kein Schatten, kein Baum. Die Sonne stand hoch, der Himmel war weiß an den Rändern, weiter blickte sie nicht hinauf, wer in die Sonne schaut, wird blind. Eine Sekunde, schon sprühen die Augen dir schwarze Flecken auf die Hände, aufs Papier.

Sie blätterte.

Ach, ich bin tagblind, stand da. Das hatte sie geschrieben. Weil da auch stand: *Immer die Nacht. Und kein Tag.* Das hatte nicht sie geschrieben, aber sie hatte es schon tausendfach gehört, es steckte ihr in der Kehle, es lag ihr im Blut, ja da, in ihren Adern hatte sie es gehört, mit der Muttermilch eingesogen hatte sie das, und noch früher womöglich, tagblind: Immer die Nacht.

Und kein Tag.

Und jetzt sah sie: Da war sie, die Stelle am See. Da war sie hineingesprungen.

Du warst tagblind, auch du, flüsterte sie. Du hast mir das Schwarz in die Augen gesprüht, du hast mir die Tage weggeleugnet, die kamen und gingen, wie die Nacht kommt und geht. Du hast aus den Nächten die Nacht gemacht, hörst du, die Nacht. Einzahl. Und die Tage sind dir kein Tag gewesen, kein Tag! Das hast du dir abgesprochen, und mir, den Tag, und hast die Tage der Nacht zugesprochen und dich damit.

Und mich? Mutter, ich –

Die Sonne brannte, die Steinmauern brannten. Hinter den Mauern ist das Dorf, dachte sie, hinter dem Dorf das Land, hinter dem Land das Meer, hinter dem Meer das Land, hinter dem Land ein Dorf, in dem Dorf ein Haus, hinter den Mauern ein Hof. Im Hof eine Palme, im Hof eine Zeder, im Hof ein Sonnenviereck. Die Menschen haben sich in den Schatten der Häuser zurückgezogen, irgendwo schreit ein Kind, ein alter Mann atmet schwer. Ein junger Mann atmet nicht mehr. Er kommt aus dem Krieg. Man hat ihn nach Hause gebracht. Die Mutter hat einen Toten geboren, der Vater –

Maikäfer flieg, der Vater ist im Krieg, die Mutter schüttelt sBäumelein

Die Söhne sind gefallen. Die Väter sind gefallen.
da fällt herab ein Träumelein.

Hinter den Mauern ein Dorf, hinter dem Dorf ein Land, hinter dem Land das Meer, hinter dem Meer ein Land.
Sie riß die Augen auf, da schossen sie aufeinander, Väter und Söhne, sie hatten einander zu Mördern gemacht.

Sie lag an der Sonne, als müßte sie gebrannt werden wie ein Ziegelstein, gebrannte Erde, in diesem Zeichen bin ich geboren, dachte sie, innen der See und innen das Feuer, Wasser und Feuer, in diesem Zeichen sind wir geboren. Vater! Mutter!

Wohin sollte sie sich wenden, eine Mauer im Osten, eine Mauer im Westen, eine Mauer im Süden, eine Mauer im Norden, unter freiem Himmel, wolkenlos, kein Vogel flog, keiner schrie. Sie schaute zu Boden, da lag ein Klumpen Schatten, mein Schatten,
nichts Neues.
Nichts unter der Sonne.

Die Asche der Hoffnung.
Wir haben die Väter zu Göttern gemacht, wir haben sie zu Mördern gemacht, dachte sie. Auch das.

Sie fuhr mit einem Stück Kreide dem Schatten nach, dann trat sie weg und fuhr wieder dem Schatten nach, trat weg und fuhr wieder dem Schatten nach, Kartoffelknollen, Nachtschattengewächs, ein weißer Schattenriß, meine unmenschliche Gestalt!

Was glaubt ihr denn, woran habt ihr geglaubt? schluchzte sie.

Ihr Gläubigen mit Namen Ich!

Sie warf die Kreide an die Wand, wo sie einen kleinen, weißen Fleck hinterließ, bevor sie zersprang.

In einer Ecke war jetzt wieder ein Schattenwinkel, da kauerte sie nieder. Nein, sagte sie. Es war ein Irrtum.

Keine Schuldzuschreibungen mehr!

Keine Götter, keine Mörder.

Kein Glaube, keine Hoffnung.

Das alles war nicht Liebe.

Sie sah dem Schatten zu, der lautlos wanderte, es wuchs eine große Stille in ihr. Keine Schuldzuschreibungen mehr.

Von der Liebe glaubte sie zu wissen, was nicht Liebe war. Das war wenig, aber alles, was sie kannte, fiel darunter.

Was sie kannte, war auch wenig.

Aber alles ist alles, für ein Ich, sagte sie, meinem Alles ist nicht beizukommen mit wenig oder viel, ich werde mich nicht einschüchtern lassen, ich habe die Ahnung.

Sie hat mit dem Leben bezahlt, wir aber sollen mit Leben bezahlen, das ist es, ich werde nicht schweigen, ich nehme ihre Worte und meine und gehe mit ihnen durch die Wand!

Ich werde es sagen, mir und dir und euch, aber nein: ich sage es keinem. Ich sage es einfach. Ich sage es.

Sie starrte ihre Gesichter an, die aufgerichtete Feindlichkeit in der schrägen Sonne, da mußtest du durch,

Neutrino, dachte sie, und sie spürte Worte, die sie hinwegfegen würden, es war ein Sturm, der sich im Innern der Erde, in der großen Stille erhob und die Mauern ins Zittern brachte, Mutter, schrie es in ihr, Vater!

Die Liebe war unerträglich!
Erst wenn du es hinnimmst –
das war ihre Stimme,
Erst wenn du es hinnimmst, auf die Erde geworfen nichts zu sein,
Sie erwartete nichts, forderte nichts und schenkte nichts.
jeder Hoffnung, auch der Verwerfung abhanden gekommen,
Sie ließ sich nicht einfrieden, hegen und mit Gefühlen bepflanzen,
auch der Verwerfung abhanden gekommen,
sondern trat über die Grenzen und machte alle Gefühle nieder.
erst dann steigt der Tag herauf, da wir überleben, im Nichts.

Halleluja.

Er lag am Boden, dem ausgehorchten, dem aufgewühlten, im Gras, an dem er sich festgekrallt, da lag er und sein Schrei war verklungen.
In den Pinien rauschte der Wind, der vom Meer her kam. Die Vögel warfen sich in die Luft wie in eine Brandung, das Gras legte sich flach, es rauschte über ihm in den Wipfeln. Die Wipfel glichen Wolken, die

der Erde entsprossen waren, mit ihr unlösbar ver-
knüpft durch die rötlichen Stämme, Wolken der Erde
unter Wolken des Himmels und darunter, ganz unten
lag er, Wildermuth, oder was von ihm dem Anschein
nach geblieben war: ein Namensschild, dachte er, nein,
das war es auch nicht.

Sein Blick schien ihm auf sich selbst zu fallen wie auf die
andern Dinge dieser Welt, die Pinien, die Vögel, die
Wolken, das Gras, er fühlte sich sich selbst nicht ver-
wandter als allem andern und konnte dennoch denken:
sich selbst, mir selbst, ich.

Sein Schrei war verklungen und die Welt war auf einmal durchlässig geworden. Anstelle der bleiernen Ku-
gel, auf der er ein undurchsichtiger Schmerz gewesen
war, sah er nun etwas, was einer Seifenblase glich und
ihm wie er selbst und wie die Welt zugleich vorkam,
eine dünne, überaus dünne Haut, auf der sich Farben
und Formen spiegelten, bevor sie lautlos zersprang
oder vielleicht nicht zersprang?

Der Gedanke kümmerte ihn nicht, als wäre mit dem
Schrei auch die Todesangst in ihm erstorben, die ge-
schrien hatte, als sie der Wahrheit innegeworden
war.

Er stand auf und ging durch den Pinienwald zu dem
alten, verkommenen Haus hinauf, das oben am Hügel
stand. Neben der Tür stand ein Besen. Wildermuth begann damit, daß er den Flur und die Treppe säuberte.
Auf der Terrasse lag ein ganzer Haufen Steine. Das
Haus schien ihm bewohnbar.

Wir werden die Steine wegräumen müssen, sagte sie.
Es gibt welche mit Inschriften, es ist ein altes Haus. Mit

denen machen wir eine Brüstung, schau. Ja, sagte er nur.

Da stand:

WIR HABEN HIER KEINE BLEIBENDE STATT.

Erika Hänni

Zeit für Undine

> Wenn ihr allein wart, ganz allein,
> und wenn eure Gedanken nichts
> Nützliches dachten, nichts Brauch-
> bares, wenn die Lampe das Zim-
> mer versorgte, die Lichtung ent-
> stand, feucht und rauchig der
> Raum war, wenn ihr so dastandet,
> verloren, für immer verloren, aus
> Einsicht verloren, dann war es Zeit
> für mich.   (*Undine geht*)

Sie, anders, anders als wir: nicht Mensch. Seelenlos.
Aus dem Unbehausten, dem sprachlosen Naß. Wie-
derkehrend: dem Abschied zu. Undine, nasse Spur ins
ziellose Jetzt.
Daß wir sie träumen. Daß wir sie verraten, noch immer...

Draußen fällt der Regen. Sanft und unentwegt dringt
das Rauschen nach innen. Hinter den Fensterscheiben,
an denen Tausende von kleinen zittrigen Tropfen kleben, vermischen sich die Farben der Autos, der Leucht-

schriften, der Rotlichter und Regenschirme. Schmutzig und schwer sinkt der Himmel auf die Stadt, entblößt und nackt dehnen sich die Häuser in den Himmel hinein.

Auf den Straßen Menschen, unzählige durcheinandertreibende Körper, flüchtig und unwirklich, Körper, die sich fremd bleiben, sich begegnen, sekundenlang, ohne Verlangen und ohne Erinnerung.

An einem Nachmittag in einem Café. Eine Frau sitzt dort, alleine in einem großen Raum, zwischen schwarzen Tischen, leeren Stühlen und unzähligen erloschenen Lämpchen, die an langen Silberdrähten wie Tang von der Decke fallen. Ohne etwas zu tun. Kein Buch vor sich, keine Halskette, keine herausfallende Haarsträhne, um zu denken oder zu vergessen, die Zeit zu verlängern oder aufzuhalten. Ihre Augen sind hell und gleichgültig. Der Blick ist in den Raum gerichtet, in die Leere des Raumes, in die Stille, eingehüllt vom gleichmäßigen Rauschen des Regens.

Eine Fremde, die fremd bleiben will. Ohne Traurigkeit und ohne Geschichte, ohne den Ernst und die Eiligkeit der Menschen. Sie kommt von der Tür, der Straße, der Kreuzung, von der Stadt und von den Städten, sie kommt von sehr weit und vom nächsten, vom Gehsteig und von dem, was hinter der Zeit, der Angst und den Mauern liegt.

Sie wartet nicht, bleibt, blickt in die dunklen, weichschimmernden Farben, in die endlose Wiederholung der Tische und Stühle im Spiegel an der Wand, als wäre dies genug: in einem Café sitzen, da sein, Atem holen und geschehen lassen.

Später, gegen Abend, kommen Menschen herein. Über den Tischen gehen die Lämpchen an. Der Raum füllt sich mit Stimmen, Reden, Rauch und nassen Kleidern.

Im Eingang hinter dem Wolldeckenvorhang steht eine Frau. Regentropfen fallen ihr aus dem Haar und zeichnen nasse Spuren über ein müdes Gesicht. Sie kommt von der Arbeit und ist auf dem Weg nach Hause. An den Armen trägt sie Einkaufstaschen.

Später wird sie sich fragen, weshalb sie an diesem Abend die gewohnte Strecke, den Weg von der Arbeit, der Schreibmaschine in die Küche zu den Kochtöpfen verlassen hat. Es wird ihr nicht mehr einfallen.

Vielleicht der Regen, die Müdigkeit. Das langsame Auflösen der Gedanken, der Sätze und Bilder im Kopf.

Weitergehen, immer weiter, endlosen Häuserzeilen entlang, die im grauen Licht der einbrechenden Nacht vor ihren Augen verschwimmen, getragen vom gleichmäßigen Aufschlagen der Schritte, in den Ohren das leise Rauschen des Regens, Körper, die ihr entgegenkommen, an ihr vorbeidrängen, Stöße und Reibungen verursachen. Sie weiß nicht, wo sie geht, wohin sie gehen muß, sie glaubt, es ist niemand mehr da, der sie erwartet, kein Haus, das sie bewohnt, keine Wände, die sie einschließen, und keine Wände, die sie beschützen. Nie wird ein anderer Ort mehr ihr Ort sein. Sie gehört nirgends hin, sie muß sich nicht beeilen, sich nicht mehr bemühen.

An der Ecke das Café: nüchtern, unfreundlich. Die Art von Café, wie es sie in jeder Stadt, an jeder Straße gibt. Sie wecken kein Verlangen, haben kein Geheimnis.

Ihre Namen werden vergessen, sind austauschbar und nicht zu unterscheiden, denn es ist kein Ankommen an diesen Orten, nur ein Verweilen, ein Glas trinken und ein paar Worte verlieren, bevor man weitergeht, um etwas Wichtiges und Unerläßliches zu erledigen.

Licht fällt auf die Straße. Unter der Tür bleibt sie stehen. Sie weiß nicht, soll sie eintreten. Verwirrt, geblendet von der Helligkeit, blinzelt sie durch den Raum. Dann, zwischen den Menschen, unter den kreisenden rauchigen Lichtkegeln sieht sie die Frau. Ohne zu zögern, geht sie auf sie zu. Sie weiß, wer sie ist, in diesem Augenblick weiß sie es. Später, wenn sie wieder sicher und gewiß ihrem Tagwerk nachgeht, in ihrem Kopf die Sätze über ihre Bestimmung wieder da sind, geordnet und abrufbar, wird sie den hellen, gleichgültigen Blick übersehen, nicht mehr eintreten in die Leere. Das stumme Fragen – der Eintritt in die Lichtung.

Ihre Augen sind nach draußen gerichtet. Hinter den Fensterscheiben versinkt die Stadt in der Dunkelheit. Die Pfützen füllen sich mit Lichtern, die leise und verloren durch die Nacht schaukeln.

Erst als die Frau mit den Einkaufstaschen vor der zufallenden Tür stehen bleibt, löst sich der Blick vom glitzernden Dunkel hinter dem Glas.

Sie hat sie gesehen, auf dem Trottoir vor dem Café, eine Wanderin ohne Eile und Sehnsucht, mit einem aufgegebenen Ziel, die Richtung nicht mehr wichtig, keine Welt, die sie ruft, der sie entgegeneilen muß. Verlorene, verlassene, glückliche Gestalt hinter dem Wolldeckenvorhang: Sie wird sich ihr zu erkennen geben.

„Ich weiß, wer Sie sind." Sie hat sich an den Tisch ge-
setzt. Mit leichtem Atem und glasigen Augen, die
nichts festhalten. „Ich habe Sie gesucht, die ganze Zeit,
so sehr, daß ich Sie nicht mehr finden konnte. Sie waren überall, ich wußte es, in den Straßen, den Cafés, in
den Bahnhöfen, an den Orten, die nicht festhalten und
keiner bewohnt.

Sie sind dort, wo ich nicht bin, Sie sind anderswo und
dürfen nicht da sein, wo ich bin, damit es die Abwechs-
lung gibt, den Ausweg. Manchmal habe ich an Sie gedacht. An den Abenden, wenn ich alleine war, das
Haus still, die Wohnung, die Kinder schliefen, wenn
ich es auf einmal aufgegeben hatte, auf ein bestimmtes
Wagengeräusch, ein Schlüsselrasseln, eine Erklärung
zu warten, dann weiteten sich die Wände des Wohn-
zimmers ein wenig. Nachtluft drang ein, er war bei
Ihnen und hatte die Welt, in der ich auf ihn wartete,
weggedacht, und ein paar Atemzüge lang verstand ich,
daß ich es bin, die zu keinem Gebrauch mehr bestimmt
ist.

Und nun sind Sie da, hören mir zu, schweigen, lassen
mich reden. Ich habe nichts zu erzählen. Der Tag, die
Zeit, die Arbeit, alles ist von mir abgefallen. Unwich-
tig, daß ich dieses Kleid trage und nicht ein anderes, mit
Einkaufstaschen herumgehe und in diesem Café sitze,
an diesem langweiligen, traurigen Ort, der mir nie
etwas bedeutet hat. Seltsam, daß ich nicht schon früher, nicht schon immer hier hereingekommen bin, um
zu warten, nichts mehr zu tun, nur da zu sein, ohne
vorwärts oder rückwärts nach etwas Besonderem zu
suchen, nach einem Erfolg, einem Versprechen, einem
Versagen vielleicht. Keine Vergleiche mehr anstellen,

keinen Seitenblick mehr, kein Wetteifern, Suchen, Ungenügen, Nochnicht. Nur warten, immerzu, vor sich hin warten, daß die Zeit erlöscht, die Wirklichkeit.

Nicht mehr verständige Gefährtin sein, verkleidet, den Spiegel beschwörend, eingeschlossen, stammelnd und suchend.

Mich nicht mehr bemühen, nicht den Kaffee bereitstellen, das Spielzeug wegräumen, das Bettzeug glattstreichen und Ordnung schaffen, schön sein, verständig."

Mit ruhigen Augen, dunkel, stumm starrt sie auf das schwarze Tischblatt. Zeichen könnten darauf stehen, unbekannte Zeichen, sie müßte sie lesen können, um sich in der Nacht zurechtzufinden, außerhalb der gewohnten Bahn. Nicht in das helle Licht der Küche treten, nicht die ausgeleuchtete fremde Gestalt im Spiegel begrüßen. Weitergehen und einen Ort suchen. Eine andere würde an ihre Stelle treten, sie wäre nicht mehr wichtig, ginge verloren, man würde sie vergessen.

Ohne den Blick zu heben, leise, als redete sie zu sich selber: „Ginge ich weiter, wer wäre ich? Eine Fremde, fremd, mir selber am meisten..."

Das Rückgrat hinauf zieht eine Wärme, unter den Schulterblättern beginnt das Blut zu fließen. Flügel könnten wachsen. Es ist sehr hell um sie, sehr still. Sie schweigt. Der Regen hat aufgehört. Der Platz neben ihr ist leer.

Mariella Mehr

Augen

> Stasi sagt beinahe gehässig: Dann
> setz doch eine Brille auf! Nein, nie,
> niemals, erwidert Miranda, das
> bringe ich nicht über mich. Wür-
> dest du denn eine tragen? Stasi
> kontert: Ich? Wieso denn? Ich sehe
> doch anständig. Anständig, denkt
> Miranda, wieso anständig?
>
> *(Ihr glücklichen Augen)*

Aber das Sehen, das Sehen mit Augenaugen. Wunsch,
von den Augen abgelesen. Von den Baumaugen.
Früchte, diese Wünsche, der Zärtlichkeit ergeben.
Früchte des Sehens, der Wahrnehmung.
Sagt nicht Miranda, sagt es allenfalls anders. Spricht
von Fratzen und Ungeheuern. Zerrspiegel. Zerrspiegel
der Seele, die Augen. Zerrblick. In eine verzerrte
Welt.
Oh Gott, dieses Unglück, es wegzubeten, unmöglich,
das eigentliche Unglück des Unglücks. Sagt Miranda
nicht. Auch nicht.
Augen wachsen in die Geschichten hinein, in die trivia-

len wie in die dramatischen, in die Komödien und in die Operetten, dein Blick macht sie alle zu Tragödien.

Du sagst es nicht so, Miranda, sagst nur, daß dir das Sehen täglich zur Hölle gerät, das anständige Sehen. Blind leben will gelernt sein, Miranda.

Miranda, die das alles nicht sagt. Schwester mit den Geschwisteraugen. Sehschwester, das ist das Fieber, das Fieber eines Aufruhrs der Augen. Ein Aufruhr, mit der Biederkeit einer Tartarin gelebt.

Auch dies sagt Miranda nicht. Unmöglich, das Unheil zu würzen.

Miranda, zwanzig Jahre danach. Sarajevo 1993. Der Tod als das unbequemste Ausdrucksmittel. Unter anständigem Sehen der Foltereraugen zersplittern die Schädelknochen der Frau, quillt das Gehirn hervor. Der Bauch aufgerissen, verendet das Kind im verendenden Leib. Ein letzter Schlag mit dem Gewehrkolben. Ein letzter Blick aus den Augen der Frau auf den Folterer mit den Foltereraugen. Die Mündung des Laufs ein Gewehrauge auf das brechende Frauenauge. Ein Schuß und: Sehen, Miranda, hinsehen. Der Verrat an der Liebe gehorcht seinen eigenen Gesetzen. Heute wie gestern.

Aber die Schönheit der Lämmerwiesen im Frühling, nicht wahr, ein Glück, zum Greifen nah als ein Ausdruck der Lebensfreude.

Warschau 1993. Miranda, Miranda. Unter dem kundigen Blick des Glatzköpfigen entsteht ein blutiger Judenstern um den Nabel der Frau. Eifrige Hände benützen das Schlachtmesser. Es johlt die Meute und sieht die sterbende Frau. Augen aufgerissen, der Blick in die Hölle getaucht. Versucht mit blutigen Händen die zerstümmelten Brüste zu schützen. Kotzt aus aufgerissenem Mund blutigen Schleim. Liegt im eigenen Kot und sieht. Liegt in der Pisse und sieht. Liegt im Abwasser und sieht. Ratten huschen von überall her und nagen gierig am wehrlosen Körper der Frau. Augenfrau. Sehen, Miranda, hinsehen, den Blick auf das Morden gerichtet, im Abwasser verreckend, das Johlen und Grölen jetzt weitab des letzten Blicks.

Und doch, aber ja, ertastet das Auge weitab der von Menschen geschaffenen Schmerzwüsteneien Rose um Rose, betörender Duft von Sommersonnen durchtränkt.

Solingen, Miranda, zwanzig Jahre danach. Rennt die Frau mit dem Kind auf dem Arm durch die Flammen. Sucht Weg Raus Aus Der Flammenhölle. Wimmert das Kind in den Armen der Frau mit den brennenden Augen. Mit der brennenden Haut und den Haaren. Kann nicht sehen. Wimmert vor Schmerz und vor Grauen auch die Frau mit den Flammen am Leib und im Mund und den verbrannten Augen. Betrachten gestiefelte Männer mit einem alles verbrennenden Blick ihr Werk an der brennenden Frau im brennenden Haus mit dem verkohlten Kind im verkohlenden Arm. Kein Schrei. Nicht von innen nach außen, nicht von außen nach innen. Hinsehen, Miranda, wie der Verrat die Liebe der Frau mit dem Kind an die Hölle verhökert.

Und weint das Auge beim Anblick des Herbstlings, der so ein Kind sein könnte, moosig grün die Unschuld auf dem Grund des jungen Lächelns.

Mogadischu, Miranda, 1993. Steine fliegen, treffen den Kopf der Frau, dann die Brust und daß sie zerbricht.

Höhnt die Menge und blafft sich die Angst der Solda-
tenhure vom Leib. Verständnislos der Blick der Frau,
solange sie sieht. Wer will die Hölle verstehen, will niemand und nicht die Frau in den bunten Tüchern. Hört
das Schreien der Meute, begreift den schützenden Un-
verstand als Revolte wider den Steinehagel. Trifft der
letzte Stein die Augen der Frau, die jetzt hinkniet und
betet zu dem, den die grölende Meute zum Führer er-
kor.

Delhi, Miranda, 1993. Hunde, Miranda, scharren nach
der Leiche der verscharrten Frau, verschlingen die
Augen der gesteinigten Frau.

Bagdad 1993, Miranda. Sitzt die Frau vor der Leinwand und sieht. Sieht Farben und Formen eines persönlichen Märchens und lacht beglückt vom Sehen. Sehen, Miranda, sie lachen sehen und wie sie die Farben
und Formen sieht, dieses Märchen tief drinnen im Leib.
Dann die Detonation, Miranda, und weggefegt die
Farben und Formen, das Glück und das Lachen im Innern der malenden Frau. Die Rakete, Miranda, für
einen Augenblick des Sehens, Miranda, das Geschoß,
Miranda, begleitet vom Auge des fremden Soldaten.
Reißt einen Krater ins Fleisch der Erde, pulverisiert die
Frau mit dem kurzen Glück in den Augen. Stirbt das
Glück in den Augen der Frau, weint das Kind am Kra-
terrand, weiß nichts vom Verrat, sucht wieder und
wieder das Glück.

Zürich 1993, Miranda, zwanzig Jahre danach. Wird die
Frau aus dem Auto gezerrt, Miranda, mit hartem Blick
als Dreck taxiert und doch durchbohrt, zerrissen und
vollgespritzt mit dem Mördersamen. Schauen die
Frauenaugen den Blick der Männeraugen. Sehen die

Gier und das schwarze Lachen und daß kein Bitten und Flehen mehr hilft. Quellen die Augen hervor, Miranda, vom Würgen des Würgers quellen die Augen hervor und brechen am Blick des Würgers. Miranda, kein Schrei. Der Liebe tödlichste Seite, Miranda, liegt jetzt die Frau zusammengekrümmt als Dreck im Dreck, hängt ihr die Zunge zum Maul raus, sind die Augen hervorgequollen, hat sich vor dem Brechen der Augen nochmals den zerrissenen Rock vollgeschissen und das Gesäß und rinnt jetzt der Mördersamen träge den Beinen entlang, den vor fremden Blicken ungeschützten Beinen der Frauenleiche.

Detroit, Miranda, zwanzig Jahre danach. 1993. Die Frau hängt am Kreuz, tief schneidet das Seil ins Fleisch, ins gefederte, geteerte. Vogel Flügellahm, die Frau. Teer auf gelber Haut, Miranda, Teer und Federn Daßsieaussiehtwieeinvogel. Blick aus schmalen Augen. Blick von fremden Augen in schmale, fremde Augen. Das dunkle Glück des Schlächters ein fröhlicher Schwertstreich im Auge. Miranda, Miranda, Schwesterauge, gequältes. Sind die Messen der schwarzen Liebe, Miranda. Hängt mit der Frau das Kind. Fletscht die Zähne der Schlächter. Lacht. Lacht, Miranda, und sieht, daß sie sieht.

Wien, Miranda, 1993. Rennt durch den Hausflur und schreit, die Frau. Wird erspäht, entdeckt, die Frau. Wird erstochen, die Frau. Schreien, vergiß es, Miranda. Sieht den Mann, sieht ihn, dem sie beilag seit Jahren. Sieht den, der sieht und der sieht, daß sie sieht, und dem sie beilag, der sie beschlief. Drei weinende Kinder. Die sehen und hören und sagen.

Miranda, Miranda, besoffenes Glück das Erblinden.

Was ist der Liebe nächste Tugend, fragst du und zerbrichst, Miranda, Schwesterauge. Miranda, 1993. Name wie schwebendes Herbstlaub. Falterauge. Zerrspiegel der Liebe.

Für H. S.

Friederike Kretzen

Ingeborg Bachmann und Simone Weil

1. „Die Schrift sagt, es ist keine Sünde zu hinken."[1]

Doch um es gleich zu sagen, ich habe eine Frage. Und
alles, was Sie im weiteren von mir lesen werden, hat
mit dieser Frage zu tun. Es ist eine in ihrem fundamen-
talistischen Wesen unmögliche Frage, eine Frage, in der
mein ganzer katholischer Hintergrund nach Hause zurückkommen will.
Wissen Sie, wie Schuld und Fiktion zusammenhängen?
Hat Fiktion einen Preis? Es ist uns doch beigebracht
worden, daß nur der Tod gratis ist, und der ist nun
wirklich das Gegenteil von Fiktion, zugleich aber ihr
Grund und ihre Grenze. Meine Frage zielt auf den ima-
ginären Preis, den symbolischen Ausgleich, den wir für
unsere Erfindungen zahlen müssen – und eben in anderer Währung als der der Erfindung entrichten. Dabei
geht es mir nicht um eine moralische Wertung und erst
recht nicht um eine psychologische Erklärung. Nein,
ich möchte die Frage in einem – soweit es das in der
Literatur geben kann – faktischen Sinne der Konstruk-

tion von Wirklichkeit stellen. Denn wenn es stimmt, daß Fiktion und Schuld – diese großen Wörter – in einem Zusammenhang stehen, wenn es außerdem stimmt, daß in unserer Kultur den Frauen die schlimmsten Sätze zu sagen bleiben – sie sind das einzige, was uns gehört, Darling –, was bedeutet das dann für die Konstruktion literarischer Wirklichkeit?

Diesen Fragen möchte ich nachgehen und Antworten versuchen, Antworten, die unterwegs sind auf Umwegen, die zudem höchst spekulativ sind.

Nun, die Karten liegen offen, fangen wir an.

2. See no evil

In *Die Lust am Text* schreibt Roland Barthes: „Das Auge, durch das ich Gott sehe, ist dasselbe Auge, durch das er mich sieht." (Barthes 1990, S. 25)

Wenn Bachmann in *Malina* schreibt „Mein Vater ist zum Theater gegangen. Gott ist eine Vorstellung", dann sieht sie den vorgestellten Gott mit welchem Auge, und welches Auge schaut in diesem vorgestellten Blick auf sie zurück? Und zwar so, daß das Spiel der Erfindung enden muß, daß es im Grunde gar nicht zum Spiel gekommen ist?

Im Werk der Bachmann ist die Fiktion mit dem Vater verbunden, die Schuld mit dem Mord an der Tochter, die Liebe mit dem Gott der Vorstellung. Diesen Zusammenhang möchte ich am Beispiel / am Fall einer anderen Frau zu klären versuchen, um die sich die Bachmann als eine der ersten nach dem Krieg im deutschsprachigen Raum bemüht hat: sie wie sich verkennend.

Und zwar an der Nahtstelle von Leben und seiner Symbolisierung, an der sich das Problem von Dürfen und Können für beide Schriftstellerinnen rückhaltlos (d. h. schutzlos) ergeben hat.

Mit ihrem 1953 für den Bayrischen Rundfunk geschriebenen Essay über Simone Weil hat mir die Bachmann zu diesen Überlegungen konkreten Anlaß gegeben. An ihrer Interpretation von Weils Schriften wird ihr eigener Zwiespalt deutlich – sie kann ihn der anderen nicht lassen. So daß sie zu einer ‚verkehrten‘ Einschätzung der Weil kommt, ihr Werk über ihr Leben stellend und dabei die ungeheure Fiktion ihres Lebens verkennend, das sich gegenüber der Realität ihrer Schriften ganz anders ausgedrückt hat und entsprechend einprägt. Die Beschäftigung mit der Weil ist ein Kampf. Ein Kampf, in dem es um die Erfindung eines Verstehens geht, das ihr wie der Leserin gleichermaßen einen Ausweg erlaubt. Dieser Kampf handelt nicht nur vom, sondern handelt auch im Zusammenhang von Schuld und Fiktion als Frage nach der Schuld der Fiktion, die die Weil auf unerhörte Weise gestellt hat. Bereit, alle Schuld auf sich zu nehmen, jede Fiktion von sich zu weisen. Wie sie dabei in eine von ihr unbegriffene Fiktionalität geriet, auf deren anderer Seite sich die von ihr angenommene Schuld ins Maßlose steigerte, ist das Tragische und Ungeheuerliche an dieser Frau. Es ist zudem das, was ich an ihr zu entziffern versucht habe, ohne mich wiederum allzu verpflichtet zu fühlen, dieser großen ‚Heiligen‘, wie Susan Sontag sie, allerdings im strikt ästhetischen Sinne, nennt, alles zu glauben. Ihr sogar zu widersprechen, insofern als sie eine einfache Närrin war im Leben, doch eine um so unfaßlichere in der Fiktion ihrer Schriften und Handlungen.

Schuld und Fiktion also. Was für erschlagende Wörter. Und zugleich das, womit ich beim Schreiben, auch dem von anderen Frauen und von Männern, tagtäglich ganz konkret und unmittelbar umgehe.

Führt ihr Zusammenhang doch direkt hinein in das Können und das Dürfen literarischer Formen und weiter zur Frage, wie diese sich von einer Schreibenden her bestimmen lassen: Was alles an Leben in die literarische Form einfließt. Und wie die gewonnene Form dem Leben eine andere Handhabung ermöglicht. Oder anders ausgedrückt: Wie weit, das heißt wie selbstauflösend, müssen sich die Autorin, der Autor im Leben ihren selbsterschaffenen literarischen Formen hingeben, um diese als das Leben ihrer Erfindung behaupten zu können.

Lassen Sie mich meine Spekulationen noch ein wenig weiter treiben mit der Frage, inwieweit der stetige Verstoß gegen das Gesetz zur Fiktion gehört, gerade im Zusammenhang weiblichen Schreibens, das von einem ganz anderen Ich als dem männlich repräsentativen entworfen und ausgeführt wird. Und wird dadurch eine ganz andere Fiktion möglich? Wie? Solange der besondere Zwiespalt dieser Fiktion, den diese zwischen dem Leben und seiner literarischen Erfindung öffnet, nicht angeeignet und als Möglichkeit begriffen wird, führt sie schlimmstenfalls in den Tod. Oder drücken wir es weniger kraß aus, ins Verschwinden. Denn ihr bezeichnender Widerspruch hängt unmittelbar am Körper und seiner doppelten Zugehörigkeit, symbolische Währung zu sein und zugleich real.

Ich denke hier nicht nur an die Bachmann und die Weil, auch an die Zürn, die Woolf, die Plath, die in der Fiktion genau einen Tod beschrieben haben, den sie später tatsächlich gestorben sind – als hätten sie sich der durch die Fiktion möglich gewordenen Verweigerung gegenüber den Symbolisierungen väterlicher Herrschaft ausgleichend unterwerfen müssen, indem sie ihre selbsterschaffene Fiktion im nachhinein als Gesetz lesen und zur Erfüllung bringen. Somit den Freiraum, den sie sich in der Fiktion geöffnet haben, wieder der realen Herrschaft des Todes überlassen, indem sie ihren Körper seiner bezeichnenden Macht zur Verfügung stellen. Als ob also das, was sie durch Erfindung der Herrschaft des Todes haben abgewinnen können, sie nur um so mehr diesem ausliefert.

Dieser doppelten, wenn nicht gar dreifachen Verkehrung bin ich am heftigsten bei Simone Weil begegnet. Aber meines Erachtens ist der dieser Verkehrung zugrundeliegende Konflikt bezeichnend für den Umgang weiblicher Autoren mit Fiktion: Sie haben kein Recht dazu. Und wenn sie es sich nehmen, müssen sie zahlen, indem sie für Ausgleich sorgen: Sie tauschen sich aus gegen ihr Werk. So daß sie, was sie in der Sprache werden konnten, auch an ihrem Körper wahr machen müssen.

(Männer zahlen auch, aber anders. Ich werde auf dieses ‚anders‘ im Zusammenhang von Kafka und Weil noch zurückkommen, ein ‚anders‘, von dem wir viel über uns lernen können.)

Meine Vermutung, oder eher meine feste Überzeugung, ist, daß Schriftstellerinnen wie die Bachmann und die Weil mit ihrem Tod eine Rechnung zu zahlen versuchten, deren offener Posten nicht mehr länger zu ertragen war: die Fiktion gewagt, ein anderes Nicht-Ich als sprachliche Projektion des eigenen Un-Ichs behauptet zu haben. Am Ende muß doch wahr gemacht werden, was die Form in der symbolischen Ordnung verlangt: Signifikanz.

Doch wenn die Signifikantin fehlt, wenn an ihrer Stelle ein Nicht-Ich bzw. Un-Ich für nichts garantieren kann?

Es ist in diesem Zusammenhang wichtig, die Möglichkeit zur Fiktion zu behaupten und sie zugleich von der Vorstellung eines sich dahinter im Verborgenen an ihr und über sie konstruierenden Ichs zu befreien. Es ist wichtig, sie hellsichtig zu machen im Sinne von transparent und selbstreferentiell, wie Barthes es von Gottes Auge beschrieben hat, das zu uns schaut wie wir zu ihm. So daß auf einen Blick Leben und Werk sichtbar werden; denn beide schauen von anderen Seiten dem Blick ins Auge und denken nicht daran, daß das Auge sie nur getrennt voneinander sehen will. Und ihren Zusammenhang von sich zu weisen, ist vielleicht selbst eine Fiktion, die dem Gefühl einer Unrechtmäßigkeit entspringt.

An der Weil wird der Zwiespalt zwischen Fiktion und Leben in seiner ganzen Ungelöstheit bzw. Unerlöstheit deutlich. So deutlich, daß sich aus seiner Beschreibung eine Kritik und Empfindlichkeit entwickeln lassen, mit denen wir möglicherweise eher fähig werden, das Potential dieses Zwiespalts anders zu nutzen, als sie und vielleicht auch die Bachmann es konnten. Zum Beispiel ohne die imaginäre Pflicht bzw. Schuld, unsere ästhetischen Erfindungen von einem dahinter stehenden Ich, einem repräsentativen Statthalter, beglaubigen zu lassen. Indem wir uns ganz bewußt im Zwiespalt zwischen Erfindung und Leben ansiedeln, in dem sich Angeblicktes und Anblickendes verbinden, wird beides gleichermaßen fiktiv und real.

Und wie könnten wir diese Haltung für die Rezeption der Bachmann produktiv machen? Wie sehen wir denn die Bachmann, welches Bild gestehen wir ihr zu, welche Bedeutung und welches Scheitern? Gestehen wir ihr die moralische Aufklärerin zu, die regredierte Liebende, die zur Mystikerin einer männlich-väterlichen Moral wurde, deren Ausflucht manchmal zu Kitsch gerät? Dieser mystische Zug bei der Bachmann wie bei der Weil, diese Unerlöstheit der Form wie des Lebens. Und ist nicht sie es, die zur Lösung, zur Fortsetzung ansteht?

Müssen wir nicht an der Bachmann die Figur der Radikalität, der Totalität herauszuarbeiten versuchen, sie entidealisieren und dabei dem haltlosen Mut einer sich irrsinnig schuldig Bekennenden begegnen, die uns noch immer den Atem nimmt. Welches Gesetz ist es, dem sie nicht widerstehen konnte? Dem sie in ihrem Tod, dem bereits beschriebenen (geretteten), nachgegeben, Genüge getan hat. Als hätte sie eine Rechnung zu begleichen: dafür, die Fiktion genommen zu haben, das Nicht-Ich behauptet zu haben.

Gibt sie uns damit nicht genaue Auskunft über das Scheitern an der Fiktion, daß wir, die anderen, kein anderes behaupten können?

Verstehen Sie mich recht, ich möchte kein Opfer gegenüber Tätern bezeichnen, sondern Schwierigkeiten, meine auch, aufklären. Schwierigkeiten, durch die wir uns bei unseren Erfindungen in der Opferfalle verstrikken, aus der uns dann der Täter retten soll. Und wir uns wieder holen, was wir nicht anders haben zu können glauben.

An dieser Rezeption müssen wir arbeiten, um uns vom Ressentiment zu lösen, von der Schuldzuweisung, die immer noch hofft, wünscht, glaubt, wir hätten ein Privileg zu verlieren. (Damit auch wir wie Toni Morrison sagen können: „My project rises from delight, not disappointment.")

3. „Wenn der Teufel einmal los ist, geht er seinen Weg
   bis zu Ende." Sagt Freud

Darum nun ein kurzer Abriß von Simone Weils Leben und Wirken, deren bisher verstreut veröffentlichte Schriften in Frankreich erst jetzt in einer fünfzehnbändigen Werkausgabe erscheinen. Im Hanser Verlag werden seit 1991 zum ersten Mal in deutscher Sprache ihre *Cahiers* zugänglich gemacht, die das Kernstück ihres Werks bilden. Es handelt sich bei den *Cahiers* um Notizbücher aus ihren letzten Lebensjahren, in denen sie vielfältiges Material zu einigen großen Büchern hastig, bruchstückhaft zusammengetragen hat. Die so eiligen wie heftigen Notizen dokumentieren um so anschaulicher ihr der Ästhetik streng verpflichtetes, doch bis auf einige Gedichte, ein Theaterstück und viele Übersetzungen aus dem Griechischen und aus dem Sanskrit sich stets diskursiv formulierendes Denken.

1909 als Kind jüdischer Eltern in Paris geboren, genießt sie eine intensive, freidenkerische Erziehung. Um so heftiger erfolgt in der Pubertät der Bruch mit diesem Paradies, das für sie immer eines des Geistes war. Sie schreibt: „Ich bedauerte, keine Hoffnung zu haben, in jenes transzendentale Reich vorzudringen, wo nur wirklich große Männer Zugang haben und wo die Wahrheit ihren Sitz hat. Ich wollte lieber sterben, als ohne Wahrheit leben." (In: Moulakis, S. 209)

Solche Radikalität sucht keine kleine Lösung, und die Weil hat ihre ganze Aufmerksamkeit auf die Seite des Unmöglichen, des Begrenzten, des Schwachen gerichtet, um von dort aus andere Erkenntnisse über die Macht, über den Geist und über die Wahrheit des Menschen zu finden.

Ab 1925 studiert sie bei Emile Chartier Philosophie und wird seine Meisterschülerin. Erste Aufsätze von ihr erscheinen in der von ihm herausgegebenen Zeitschrift *Libres propos*. 1931 geht sie als Lehrerin in die Provinz, wird bald strafversetzt. Sie läßt sich für ein Jahr vom Schuldienst suspendieren und arbeitet in der Fabrik. Nach dieser für sie erschütternden Erfahrung des Fabrikalltags, durch die sie alles Vertrauen in das soziale Wesen des Menschen verliert, geht sie zu den Roten Brigaden nach Spanien. Ein Unfall in der Küche beendet diesen Aufenthalt bald. 1938 erlebt sie ihre erste ‚Begegnung' mit Gott und steht seitdem bis zu ihrem Tod 1943 in nahem Kontakt zur Kirche, ohne ihr je beizutreten.

Sie flieht mit ihren Eltern über Algier in die USA und kehrt im Herbst 1942 nach England zurück. Sie will um jeden Preis für die Résistance arbeiten. Sie hat verschiedene selbstmörderische Pläne zur Befreiung Frankreichs. Mal versucht sie, eine Gruppe Krankenschwestern zu organisieren, mit denen sie an vorderster Front Rettungsdienste leisten will. Ein anderes Mal verlangt sie, als Partisanin nach Frankreich geschickt zu werden. Nachdem man all ihren Plänen nicht nachgekommen ist, ihr vielmehr bedeutet hat, daß ihre Aufgabe das Schreiben und Philosophieren sei, beharrt sie darauf, nicht mehr zu essen als ihre Landsleute in Frankreich. Auch als sie an einer leichten Tuberkulose erkrankt, kann niemand sie zum Essen bewegen. Nach dreiwöchigem Klinikaufenthalt stirbt sie an Schwäche.

Weil beschäftigt sich rückhaltlos mit dem Unglück der Fabrikarbeiter, der Sklaven Roms, der Bauern Spaniens. Sie analysiert den Niedergang der abendländischen Kultur durch die Entwurzelung des Menschen aus den Bezügen zur Natur und zur Geschichte, doch über das Schicksal der Juden, über die besonderen Lebensbedingungen der Frauen im Reich des Geistes erfahren wir von ihr zumindest unmittelbar nichts. Allein der äußeren historischen Ereignisse wegen ist für sie ein Vakuum um diese Themen entstanden, das sich immer weiter ausbreitet, sowie sich auch ihr Körper zunehmend zu einer Grenze hin öffnet, die nicht Leere bedeutet, sondern Tod. Doch ist Simone Weil auch deshalb in die Isolation geraten, weil sie sich selbst als das andere, das fehlt, nicht zu fassen wußte. Anstatt ihre spezifische Zugangsweise zum ‚Reich des Geistes‘ als die andere, abgespaltene Seite der aufgeklärten Vernunft zu vermitteln, vollzieht sie an sich selbst noch einmal die Ausgrenzung, unter deren Stigmatisierung sie seit der Pubertät leidet.

„Er trat in mein Zimmer und sagte: Elende", schreibt Weil 1941 in einem von ihr als Prolog zu den *Cahiers* bezeichneten Text. „Elende, sagte er, die du nichts verstehst, nichts weißt. Komme mit mir und ich werde dich Dinge lehren, von denen du dir keinen Begriff machst." Der dies sagt, läßt die Elende daraufhin bei sich in seiner Mansarde wohnen, sie erlebt bei ihm den Wechsel der Sterne, des Himmels, der Zeit, sie ißt mit ihm Brot, und dann heißt er sie wieder gehen, zurück auf die Straße, ins Leben. Da ist ihr, als verliere sie alles. Am Ende des Prologs formuliert Simone Weil: „Ich weiß wohl, daß er mich nicht liebt. Wie könnte er mich auch lieben? Und doch, in meinem Innersten ist etwas, ein Punkt meines Ichs, das, zitternd vor Angst, nicht aufhören kann zu denken, daß er mich vielleicht, trotz allem, liebt." (Weil 1991, 1 / 53 f.)

Dieser Prolog ist programmatisch für die Entschiedenheit, mit der Weil das Leben der anderen (der Menschen, der Gesellschaft) zu erkennen versucht, indem sie es an sich selbst bis zur letzten Konsequenz in Frage stellt. So daß ihr ‚Geheimnis' ein zweifaches ist, eine Art gekreuzte Textur, die ihre Schriften mit den Umständen und Begebenheiten ihres Lebens durchwebt.

Die Bachmann schreibt zur Weil: „Es ist zu vermuten, daß darum auch die Legende um Simone Weil, dieses absonderliche Geschöpf, Philosophieprofessorin und Fabrikarbeiterin, Jüdin und gläubige Christin, die Kritikerin der katholischen Kirche und halbe Häretikerin und potentielle Heilige – daß also die Legende um dieses absonderliche Geschöpf im Verschwinden ist, seit ihre Bücher systematisch in verschiedene Sprachen übersetzt werden und Daten aus ihrem Leben bekanntgegeben werden. Und so ist's nur noch die Frage, ob dies zum Schaden Simone Weils geschieht oder ob ihr Werk ihre Legende überleben wird.

Ich glaube, man kann diese Frage mit ja beantworten." (Bachmann 1978, 4/128 f.) Des weiteren versucht sie, das Werk der Weil darzustellen. Doch sie betont: „Simone Weil ist keine ‚Schriftstellerin‘ gewesen. Sie war nicht produktiv. Sie hat nicht geschrieben, um zu schreiben und etwas zu erschaffen, was für sich stehen konnte, sondern Schreiben war für sie (...) vor allem eine Übung. – Eine Übung, die sich zwischen Demut und Rebellion bewegte und wichtig war, solange für sie der Abstand zwischen ‚wissen‘ und ‚von ganzer Seele wissen‘ nicht überbrückt war." (Bachmann, 4/130) Und als hätte Bachmanns Zwiespalt gegenüber der Weil genau in diesem Zwiespalt zwischen wissen und von ganzer Seele wissen Platz, geht sie in ihrem Essay auf die spezifische Widersprüchlichkeit der Weil – ihren Körper, der eine ganz andere Existenz, ganz andere Formen zu leben versuchte, ihre Hinfälligkeit, ihre Migräne, ihre Unfälle – nicht weiter ein. Stattdessen schlägt sie vor, daß wir ihr Leben „unangetastet" lassen und uns auf ihr Denken konzentrieren, „denn sie muß verwerfen, wo sie nicht lieben kann" (Bachmann, 4/146). Schließlich findet die Bachmann, „wird uns also, unter den Händen, ihr vielseitiges und vielschichtiges Werk zum Zeugnis reiner Mystik, vielleicht dem einzigen, was wir seit dem Mittelalter erhalten haben" (Bachmann, 4/147). Und sie empfiehlt, die Schriften der Weil unter dem Aspekt „einer nicht nachvollziehbaren Inspirierung" (4/147) zu sehen. (Erstaunlich ist, wie ähnlich sie in *Malina* die Annäherungsweisen an

Gott / Vater / Geliebten beschreibt – wie mystisch. Und im *Fall Franza* bekennt sie, nur die, die magisch leben (also kontemplativ), können wirklich beraubt werden, denn nur sie haben etwas zu verlieren.

Sehen wir uns als Ergänzung zu ihrer Einschätzung eine andere an. Susan Sontag schreibt in ihrer Anmerkung zu Simone Weil: „Wir brauchen nicht an Simone Weils verquälter und unerfüllter Liebesaffäre mit der Katholischen Kirche teilzuhaben, nicht ihre gnostische Theologie der Abwesenheit Gottes zu akzeptieren, für ihr Ideal der Leugnung des Körpers einzutreten (...) Wir lesen Schriftsteller von so ätzender Originalität um ihrer persönlichen Kraft willen." Denn: „Es gibt Leben, die einen exemplarischen Charakter haben, und solche, die ihn nicht haben; es gibt solche, die uns zur Nachahmung einladen, und solche, die wir mit einer Mischung aus Abscheu, Mitleid und Ehrfurcht aus der Distanz betrachten. Hier liegt, grob gesprochen, der Unterschied zwischen dem Helden und dem Heiligen (wenn man diesen Begriff im ästhetischen statt im religiösen Sinn gebrauchen darf). Ein solches Heiligenleben (...) war das der Simone Weil. (...) Kein Mensch, der das Leben liebt, würde den Wunsch haben, es ihr in der Hingabe an das Märtyrertum gleichzutun. (...) Und dennoch werden wir in dem Maße, in dem wir uns zur Ernsthaftigkeit ebenso wie zum Leben bekennen, davon ergriffen und geprägt. In der Achtung, die wir einem solchen Leben entgegenbringen, erkennen wir die Gegenwart des Geheimnisses in der Welt an." (Sontag, S. 85 f.) Soweit also Susan Sontag, die diesen Text zehn Jahre nach der Bachmann und mit einem völlig anderen kulturellen Hintergrund geschrieben hat.

Zwei gegensätzliche Einschätzungen, an denen mir vor allem die Unterschiedlichkeit wichtig ist. Die kühne, gelassene Abgrenzung und Annäherung der Sontag gegenüber der fast schwerfälligen, rationalen der Bachmann, die begrenzen will, was die andere öffnet.

Ich will nun versuchen, an Weils Leben und Werk exemplarisch einen Begriff von Fiktion zu rekonstruieren, der einen anderen Blick auf sie öffnet und ein anderes Verständnis von Fiktion vorschlägt.

Zur Verdeutlichung und aufgrund einiger Ähnlichkeiten zwischen ihnen, die ihre Differenz um so eindrücklicher erscheinen lassen, habe ich die Problematik von Fiktion und Widerstand, Schuld und Leben im Vergleich Kafka – Weil herausgearbeitet.

Auf Parallelen zur Bachmann werde ich hinweisen, werde jedoch in diesem Rahmen nicht genauer darauf eingehen können.

4. Etwas anderes als Wahrheit

„Jedes Wesen ist ein stummer Schrei danach, anders gelesen zu werden", fordert Weil (Weil 1952, S. 31). Daß dieses Leben eine Fiktion verlangt, einen erdachten anderen Standpunkt, von dem aus sich eine andere Sichtweise vom anderen wie von sich selbst ergibt, war ihr im Grunde bewußt. Am Ende der gleichen Schrift schreibt Weil noch radikaler: „Nichts, was existiert, ist unbedingt liebenswürdig. Also muß man das lieben, was nicht existiert." (Weil 1952, S. 200)

Doch wer sich nicht sieht, kann nicht von sich absehen – und wer sieht, sieht sich nicht von sich absehen. So daß, wer für sich selbst unsichtbar verschwindet, wirklich weg ist. „Er wird denken, daß ich aus dem Zimmer gegangen bin", schreibt Bachmann am Ende von *Malina*, als dieser im Zimmer zurückbleibt und nicht sieht, wie die, aus der er hervorgegangen ist, durch die Wand weggeht (Bachmann 1987, S. 354).

Simone Weil kann sich nicht sehen. Sie ist insofern unfähig zur Erfindung, als sie es nicht verstanden hat, zwischen sich und der verallgemeinerten Form das Vermögen der besonderen Form zu erkennen: von sich weg, zu einem anderen Tatort hin zu verführen. Sie ist eine schlechte Verführerin, sie verweigert das Spiel. Zugleich ist sie die allerbeste: Sie ist Tochter, nicht Erfinderin, sie ist Körper, nicht Form. Sie spielt nicht, sie empfängt. „Wenn ich mein ewiges Heil vor mir auf dem Tisch liegen hätte und ich nur die Hand auszustrecken brauchte, um es zu erlangen, dann streckte ich die Hand so lange nicht aus, als ich nicht dächte, den Befehl dazu empfangen zu haben. (...) Denn ich begehre nichts anderes als den Gehorsam in seiner ganzen Fülle, das heißt: bis zum Kreuz." (Weil, in: Krogman, S. 117) Bachmann beschreibt in *Malina* eine ganz ähnliche Fatalität: „Ich bin vermählt, es muß zu einer Vermählung gekommen sein. (...) denn es ist, gegen alle Vernunft, mit meinem Körper geschehen, der sich nur noch bewegt in einem ständigen, sanften, schmerzlichen Gekreuzigtsein auf ihn. Es wird für das ganze Leben sein." (Bachmann 1987, S. 179)

Rechtfertigung für ihre Existenz (genauer gesagt, deren eigentliche Leugnung) glaubt Weil einzig im Leiden finden zu können. Dermaßen durch Selbstverleugnung zum Leiden verurteilt, verabsolutiert sich für sie Gott in der ganzen Pracht seiner Abwesenheit. Gott ist das Nichts, das um so mehr Nichts ist, als es ist, sagt sie. „Gott kann in der Schöpfung nicht anders anwesend sein als unter der Form der Abwesenheit." (Weil, in: Cabaud, S. 383) Und sie stellt fest, daß sie ihm ähnlich werden kann, je mehr sie sich selbst zum Verschwinden bringt. Rein und ausgelöscht will sie sich seiner Abwesenheit hingeben und die Gabe der Gnade erfahren. Im Abschiedsbrief an eine Freundin schreibt sie: „Du bist so wie ich ein von Gott schlecht zugeschnittenes Zeug. Aber ich werde bald nicht mehr abgeschnitten, sondern angefügt und vereint sein." (Weil, in: Cabaud, S. 383)

Kafkas „merkwürdiger, geheimnisvoller, vielleicht gefährlicher, vielleicht erlösender Trost des Schreibens" gilt ihm selbst, „das Hinausspringen aus der Totschlägerreihe, Tat-Beobachtung. Tatbeobachtung, indem eine höhere Art von Beobachtung geschaffen wird, eine höhere, keine schärfere, und je höher sie ist, je unerreichbarer von der ‚Reihe' aus, desto unabhängiger wird sie, desto mehr eigenen Gesetzen der Bewegung folgend, desto unberechenbarer, freudiger, steigender ihr Weg." (Kafka 1967, S. 406) Im Unterschied zu Weil kann er sich sehen und sieht, daß es Hoffnung gibt auf der Welt, „unendlich viel Hoffnung – nur nicht für uns" (Kafka, in: Benjamin 1981, S. 14). Er wußte sehr genau um die widersprüchlichen, verzehrenden Bedingungen seines Lebens und Arbeitens. In den zu seiner Lebenszeit unveröffentlichten Erzählfragmenten *Beim Bau der Chinesischen Mauer* schreibt er über das Hämmern: „(...) einen Tisch mit peinlich ordentlicher Handwerksmäßigkeit zusammenzuhämmern und dabei gleichzeitig nichts zu tun und zwar nicht so, daß man sagen könnte: ‚Ihm ist das Hämmern ein Nichts‘, sondern ‚Ihm ist das Hämmern ein wirkliches Hämmern und gleichzeitig auch ein Nichts‘, wodurch ja das Hämmern noch kühner, noch entschlossener, noch wirklicher und, wenn du willst, noch irrsinniger geworden wäre.“ (Kafka, in: Benjamin 1981, S. 35)

Auch hier also Verdoppelung, eine sich selbst vorantreibende Zweiheit des Gegensätzlichen, geschlossener Kreislauf einer Selbsterfüllung zwischen Wirklichkeit und ihrem glatten Gegenteil. Hier führt Entsagung auf ihrer anderen Seite zum Überborden der Phantasie. Eine interessante Parallele, jedoch mit gänzlich anderen Vorzeichen, findet sich bei Bachmann in *Malina*: „Wann wird bloß die Zeit kommen, in der ich es erreichen kann, in der ich tun und nichts mehr tun kann, zur selben Zeit?“ (Bachmann 1987, S. 327)

Doch solcher Umgang mit Differentem ist der Frau in ihrem ausgeschlossenen/einschließlichen Verhältnis zum Gesetz, zu den Formen repräsentativer Ordnung, versagt. So fand auch Weil keine gerechtfertigte Form für ihr Verlangen, von sich abzulenken: zu verschwinden als List. Den Zwiespalt zwischen Wort und Tat, Sprache und Bedeutung, Verbot und Vergessen wußte sie nicht für die Erfindung des anderen Nicht-Ich zu nutzen. Die Formen, in denen sie sich auszudrücken versuchte, dienten ihr nur zu einem weiteren Sichprüfen, von ihnen sich prüfen zu lassen, ihnen zu gehorchen, sich ihnen zu unterwerfen. Mit der Begründung, der Wahrheit so näher zu kommen. Denn ihre Parole war stets: Ohne Gegengewicht, unwiedergutmachbar alle Schuld auf sich nehmen, maßlos schuldig, maßlos enthaltsam. Indem sie alle Schuld auf sich nimmt, will sie die Unschuld erreichen. Sie spielt das Gegenteil der Heroin der Liebe und wird es um so mehr: einer unfaßbaren, einer in die Abstraktion gelösten, verkehrten Liebe, für die sie keinen Ausgleich finden konnte – außer den Tod.

Kafka schreibt in einem seiner ersten Briefe an Milena: „Im Ganzen habe ich hier und anderswo gefunden, daß die Männer vielleicht mehr leiden, oder wenn man es so ansehn will, hier weniger Widerstandskraft haben, daß aber die Frauen immer ohne Schuld leiden und zwar nicht so, daß sie etwa ‚nicht dafür können‘, sondern im eigentlichen Sinn." (Kafka 1991, S. 10) In einem der nächsten Briefe bemerkt er im Zusammenhang mit der Ermordung eines christlichen Mädchens durch einen jüdischen Mann: „Es sind Übertreibungen, weil sich die Rettung-Suchenden immer auf die Frauen werfen und es ebensogut Christinnen wie Jüdinnen sein können. Und wenn man von Unschuld der Mädchen spricht, so bedeutet das nicht die gewöhnliche körperliche, sondern die Unschuld ihrer Opferung, die nicht minder körperlich ist." (Kafka 1991, S. 68)

In Kafkas und Weils Verhältnis zum Körper – dem Gegenstück zur Fiktion – möchte ich den Unterschied ihrer Zugangsweisen zur Fiktion verdeutlichen.

5. Was ist der Körper

Kafka sagt: Ein Helfer und Diener der Schmerzen. Ein fiktives Haus, das ich mit Gesten bewohne, in denen ich die Welt der Welt vorwerfe, und wenn ich mich in ihnen als ein Gescheiterter zu erkennen gebe, dann um so mehr. Sein „Kodex von Gesten" (Benjamin 1981, S. 19) hilft ihm, in der Sprache nach Symbolisierungen zu suchen, die fiktiv und gleichermaßen real sind. „Kafka reißt hinter jeder Gebärde – wie Greco – den Himmel auf; aber wie bei Greco (...) bleibt das Entscheidende, die Mitte des Geschehens die Gebärde." (Benjamin 1981, S. 19)

Auch Weil beschreibt das Handanlegen an die Dinge, die Gebärde, in der sich Handlung und Denken verbinden, als Realisierung im erfüllenden, erlösenden Sinne: den Abstand zwischen „wissen" und „von ganzer Seele wissen" überbrückend. Doch auf die Frage, was ist der Körper, antwortet sie: Nicht das Nichts, im Gegenteil. Doch ist der Hunger ein Essen, das den Körper bei weitem mehr realisiert. „Der Hunger ist gewiß ein weniger vollständiges Verhältnis zur Nahrung, aber dennoch ein ebenso wirkliches wie der Akt des Essens." (Weil, in: Krogman, S. 152) Dementsprechend bittet sie Gott: „Vater, im Namen Christi gewähre mir, daß mein Wille keine Bewegung meines Körpers bestimmen kann und nicht einmal den Ansatz zu einer Bewegung, als ob ich vollständig gelähmt wäre." (Weil, in: Cabaud, S. 372) Abwesenheit und Lähmung sind die von ihr dem Körper zugeschriebenen Verwirklichungsformen. Er ist die Rückseite der Symbolisierungen, ihre unsichtbare, blinde Wohnung. Dort verwirklicht sich Essen durch Hunger, Sehnsucht durch Verschwinden, Berührung durch ihre Versagung, schließlich: Ekstase durch Askese. So gesehen ließe sich behaupten, daß Simone Weil an der Verkörperlichung des Hungers gestorben ist, an seiner absoluten Konkretion. Fiktionalisiert hat sich bei Weil der Körper und nicht die Sprache als ein Raum für den Körper. So wird auch ihre Furcht verständlich, „nicht mein Leben, aber meinen Tod zu versäumen" (Weil, in: Krogman, S. 148).

Seit ihrer frühen Jugend leidet sie an starken Kopfschmerzen. „Seit zwölf Jahren bin ich heimgesucht von einem Schmerz, der um den Mittelpunkt des Nervensystems angesiedelt ist, an dem Punkt, wo Seele und Leib verbunden sind." (Weil, in: Krogman, S. 20 f.) Sie schreibt, wie sehr sie versucht ist, der Unerträglichkeit dieser Kopfschmerzen Ausdruck zu geben, indem sie jemand anderen verletzt, an der Stelle schlägt, an der der Schmerz sie trifft, doch: „Das heißt der Schwerkraft gehorchen. Die größte Sünde. Man verdirbt dadurch die Funktion der Sprache, die darin besteht, die sachlichen Verhältnisse der Dinge auszudrücken. Es bedeutet nichts anderes als töten, um sich dafür zu rächen, daß man sterblich ist; (...) das eigene Ungute um sich verbreiten, die eigene Krankheit." (Weil, in: Krogman, S. 21)

Dieser Schmerz, der ihm zugeschriebene Selbsthaß, ist für sie Grund und Sinn zugleich. Sie entwickelt eine ungeheure Aufmerksamkeit für das Leiden der anderen, eine Empfindlichkeit für die Erniedrigten, mit denen sie sich wesensverwandt fühlt, für die zu kämpfen ihr jedes Opfer recht ist; selbst gegen den Tod, gegen die ‚Schwerkraft' des Körpers. Sie ist streng in ihrer Maßlosigkeit, denn das Unbegrenzte sollte vor allem das Bestreben sein, die Grenze zu überschreiten. Zwar anerkennt sie das Gesetz des Gleichgewichts – es ist das des Kreuzes –, jedoch nur von der Seite des Ungleichgewichts aus, dort ist ihr Platz, sie beansprucht nur einen halben Balken für ihre Kreuzigung: „Jedesmal, wenn ich an die Kreuzigung Christi denke, begehe ich die Sünde des Neids." (Weil, in: Cabaud, S. 295) Im Maßlosen – Weils Ungleichgewichts-Seite – spürt man nichts mehr, denn man hat kein Maß, keine Erinnerung, dahin will sie: ins Vergessen, und dazu sagt sie Gott. Denn was sie liebt, ist vielleicht nichts als die Ausschließlichkeit, das an seiner Grenze und ihrer Überschreitung erfahrbare Nichts. „Vater, der Du das Gute bist und ich das Minderwertige, reiß diesen Leib und diese Seele los von mir und mache daraus etwas, das Dir gehört, und laß in alle Ewigkeit von mir nur dieses Losreißen bestehen oder das Nichts." (Weil, in: Krogman, S. 139) Weils Erniedrigung, die sie sucht und bedingungslos will, kommt von einer anderen Richtung als die ebenso unbeugsamen Erniedrigungen, die Kafka seine Figuren erleiden läßt: Weil glaubt an die Erniedrigung als Annäherung an die absolute Wahrheit Gottes, insofern scheitert sie nicht, sondern bestätigt ihre Voraussetzung. Kafka hingegen scheitert ständig, nur und stets ins Unverhoffte. Davon handelt seine Literatur: Vom Erinnern und Vergessen als Grund und Gegenstand des Scheiterns. Deshalb sind bei ihm „revolutionäre Energie und Schwäche (...) zwei Seiten ein und desselben Zustands. Seine Schwäche, sein Dilettantismus, sein Unvorbereitetsein sind revolutionär." (Kafka, in: Benjamin 1991, S. 118)

Verleugneten Widersprüchen aber ist nicht zu begegnen. Und um so heftiger gerät Weils Versuch, die Ordnung des Gegensätzlichen zu überwinden: „Das Gute im Gegensatz zum Bösen entspricht ihm in einem gewissen Sinne, wie alle Gegensätze." (Weil 1991, S. 307)

Zugleich macht sie sich aber als den Gegensatz geltend, der vor jeder Ähnlichkeit liegt. Darum sieht sie es als ihre Pflicht an, „sich nicht einer anderen Lebensweise zu(zu)wenden, sondern dem Tod" (Weil 1991, S. 230). Um dort zu einem Ich zu finden, „das außerhalb eines Ichs liegt" (Weil 1991, S. 326).

1941 entsteht ihre Schrift *Die Einwurzelung*, in der sie – als Aufgabe zukünftiger Gesellschaften – eben diese Einwurzelung des Menschen in seine Geschichte und Tradition fordert. Auch hier sieht sie es als ihre Aufgabe, ein Gleichgewicht in den durch den Krieg restlos entwurzelten Lebenszusammenhängen herzustellen, indem sie auf der Seite des Leids noch mehr ihren Teil leistet und sich ohne Gegengewicht noch mehr entwurzelt. „Während meiner Fabrikzeit, als ich in den Augen aller und in meinen eigenen mit der anonymen Masse ununterscheidbar verschmolzen war, ist mir das Unglück der anderen in Fleisch und Seele eingedrungen. Nichts trennte mich mehr davon, denn ich hatte meine Vergangenheit wirklich vergessen, und ich erwartete keine Zukunft mehr, (…) seither habe ich mich als einen Sklaven betrachtet." (Weil 1961, S. 47)

6. Sancho und sein anderer

Kafka, Einsitzender und zugleich Landvermesser eines Landes der Askese und der Scham, der Geister und Abgründe, gelingt es, seinen ganz eigenen Haushalt der Gesten zu errichten und in seinem Werk zur Wirkung zu bringen. Weil gleicht ihm als ewige Tochter, deren Leben gekennzeichnet ist von Askese und Scham.

Beide haben nach dem geheimen Grundsatz gelebt: „Jedes Verlangen (. . .) ist, wenn man die Aufmerksamkeit darauf richtet, ein Weg zum Nichtgesättigtsein." (Weil 1991, S. 230) Zugleich wissen sie: „Die Welt ist eine unsterbliche Nahrung." (Weil 1991, S. 326) Doch bleibt Weil ausfluchtslos, ohne Gegenüber der Form, erstarrt angesichts der Antwortlosigkeit, der Abwesenheit, mit der sie sich selbst entsagt. Schließlich weiß sie sich nur noch mit dieser Entsagung zu identifizieren, als Übereinstimmung mit ihrer eigenen Ausgrenzung.

Mein Vorschlag also: Simone Weil als komische Schauspielerin lesen, mit Gott als Protagonisten, an dem ihr Verschwinden Realität gewinnt. Sie spielt mit ihm Absenz und Verstecken. Als ihr Doppel findet sie in Gott ihre Absenz aufgehoben und wird ihrer Absenz inne. Simone und Gott, zwei Inexistente in der Todesnummer vereint.

Ähnliches führt Kafka in seiner Auslegung des Sancho Pansa vor, der in Don Quixote sein Doppel erfindet, um mit ihm den närrischen Ausweg des Gescheiterten in die Fiktion zu weisen (Kafka 1990, S. 340). Kafkas eigene Differenzerfahrung spiegelt und erlöst sich in der zwischen Sancho Pansa und Don Quixote, welcher Sancho Pansas von sich selbst abgelenkter Teufel ist; die Promiskuität mit dem Teufel ist raumgreifend unterbrochen, heißt Don Quixote und ist ein anderer. Nun muß Sancho Pansa seine teuflischen Abgründe nicht mehr vergessen, er hängt sie seinem Gefährten an, den die irrwitzigsten Unternehmungen treiben. Sie gehen aber nicht mehr vom einen, eigenen Scheitern aus, sondern vom Scheitern des anderen und können so den Grund des Vergessens öffnen. Verdoppelung als Bedingung von Fiktionalisierung, in der die Differenz überhaupt erst erfahrbar – das heißt vor allem ertragbar – wird. Und in dieser Differenzerfahrung wird Erinnerung als Möglichkeit der Loslösung vom Gesetz des Vaters greifbar.

7. Am Ende

Was Walter Benjamin in einem Brief an G. Scholem schreibt, scheint mir eine Lesart von Texten aufzuzeigen, die über die Kafkas hinaus insofern Gültigkeit hat, als sie dem Autor, der Autorin einen Ausweg in bzw. aus seinem Text sucht. „Als dieses Wesentliche erscheint mir bei Kafka mehr und mehr der Humor. (...) Besonders ‚Amerika‘ ist eine große Klownerie. (...) Ich denke mir, dem würde der Schlüssel zu Kafka in die Hände fallen, der der jüdischen Theologie ihre komische Seite abgewänne." (Benjamin 1980, S. 293)

Daß man Kafka so gegen das, was er auf den ersten Blick an Wirkung evoziert, liest, ist in seinen Texten begründet und angelegt. In Weils Schriften scheint ein solches Vorgehen unmittelbar nicht angebracht, doch fordert die Extremität ihrer Haltung des entweder Liebens oder Verwerfens, des unterwürfigen Gehorchens oder entschlossenen Rebellierens nicht auch zum Lachen heraus? Ein komisches Lachen, gewiß, aber was sollte es sonst sein?

Betrachtet man Weils Trotz gegen jede Form der Herrschaft, zugleich ihr kindisches Beharren auf dem Leiden als ihrer ausschließlichen Existenzberechtigung, ihr Verwechseln der Formen und Bedeutungsebenen, so scheint eine eigenartige, unbeabsichtigte, aber deshalb vielleicht um so heftigere Komik in ihrem Werk am Leben zu sein. Auch wenn diese nicht zu einem geringen Teil von dem grausig hilflosen Grinsen der Leserin, des Lesers hergestellt wird, die anders ein solches Beharren auf Verweigerung / Revolte und striktestem Gehorsam / Erniedrigung nicht zu verbinden wissen. Weil selbst bezieht sich identifizierend auf die Narren bei Shakespeare, die sie als die selbstlos aufopfernden Diener der Wahrheit auf Erden bezeichnet: „In dieser Welt haben allein die Wesen, welche bis zum Grade der Erniedrigung, weit unterhalb der Bettlerschaft, gefallen sind, die nicht nur ohne gesellschaftliches Ansehen, sondern auch in jedermanns Augen selbst der Menschenwürde, nämlich der Vernunft entblößt sind – nur diese besitzen in der Tat die Möglichkeit, die Wahrheit zu sagen. Alle anderen lügen." (Weil, in: Krogmann, S. 155)

Bezeichnet also die zum Affekt gewordene tragische Bedingtheit des Narren nicht gerade die Geistes- und Gefühlsverfassung, in der Lust und Gewalt ununterscheidbar sind, in der Wunsch und Auslöschung, Begehren und Zerstörung als zwei Äußerungsweisen ein und desselben Empfindens auftreten? Die Formen der Unterwerfung, in denen Weil den Abstand zur absoluten Wahrheit Gottes zu überbrücken versucht, sind den Formen sehr ähnlich, die Bachmann in *Malina* als Herrschaftsausübungen des Vaters am Körper der Tochter beschreibt. Ihre Beschreibungen bekommen die grausame Dimension burlesken Entsetzens im Erfassen und Nachspüren der Unlösbarkeit von Lust und Unterwerfung, Treue und Verrat, Begehren und Auslöschung. Also närrisch, „der Vernunft entblößt"? Weibliches närrisches Begehren?

„Mein Vater, sage ich ihm, der nicht mehr da ist, ich hätte dich nicht verraten, ich hätte es niemand gesagt. Man wehrt sich hier nicht." (Bachmann 1987, S. 183)

Ist es Simone Weil nicht in der Tat gelungen, durch ihr närrisches Theater in den Köpfen derer, die das Außergewöhnliche als Ausdruck eines Denkens der Differenz wahrhaben wollen, denen die Ordnung kein Halt sein kann, eine über sie hinaus und nicht ins Loch/Grab Gottes gehende Wirkung ihrer Verführungskünste zu erreichen? Eine Fiktion?

Und ist ihre Passion für die Hilflosen und Schwachen nicht in diesem Sinne zu verstehen, wie es Benjamin für Kafka formuliert hat: „Soviel stand ohne Frage für Kafka fest: erstens, daß einer, um zu helfen, ein Tor sein muß, zweitens: eines Toren Hilfe allein ist wirklich eine." (Benjamin 1980, S. 273)

Anmerkung

1 Zitiert nach der Heiligen Schrift von Rückert, zitiert von Freud. In: Kofmann 1991

Literatur

Ingeborg Bachmann, Werke in vier Bänden, München 1978
Ingeborg Bachmann, Malina, Frankfurt a. M. 1987
Roland Barthes, Die Lust am Text, Frankfurt a. M. 1990

Walter Benjamin, Briefwechsel mit G. Scholem, 1933–1940, Frankfurt a. M. 1980

Walter Benjamin, Über Kafka, Frankfurt a. M. 1981

Jacques Cabaud, Simone Weil, Die Logik der Liebe, Freiburg/München 1968

Franz Kafka, Tagebücher, Frankfurt a. M. 1967

Franz Kafka, Sämtliche Erzählungen, Frankfurt a. M. 1990

Franz Kafka, Briefe an Milena, Frankfurt a. M. 1991

Sarah Kofman, Das Schicksal der Psychoanalyse, Vortrag, Zürich 1991

Angelica Krogman, Simone Weil, Bildmonographie, Reinbek 1987

Toni Morrison, Playing in the Dark, New York 1993

Athanasius Moulakis, Simone Weil, Die Politik der Askese, Stuttgart 1981

Susan Sontag, Kunst und Antikunst, Reinbek 1968

Simone Weil, Schwerkraft und Gnade, München 1952

Simone Weil, Das Unglück und die Gottesliebe, München 1961

Simone Weil, Cahiers, München 1991

Zu den Autorinnen

Erika Hänni
geboren 1965, wuchs in einem kleinen Seeländer Dorf zwischen Deutsch- und Westschweiz auf. Nach verschiedenen Ausbildungen studiert sie seit 1992 Germanistik und lebt in Bern.

Rahel Hutmacher
geboren 1944, lebt, lernt und arbeitet als Alleingeherin, Feministin, Bibliothekarin, Psychotherapeutin, Supervisorin, Schriftstellerin, Dozentin in Zürich und Nordrhein-Westfalen.
Werke: Wettergarten (1980), Dona (1982), Tochter (1983), Wildleute (1986)

Birgit Kempker
geboren 1956 in Wuppertal, besuchte die Kunstschule F+F in Zürich und studierte Kulturpädagogik, Kunst und Literatur in Hildesheim. Heute wohnt sie in Basel und forscht als Dozentin im Bereich Wort/Bild.
Werke: Schnee in der Allee (1986), Der Paralleltäter (1986), Auch Frieda war jung (1987), Rock me Rose (1988), Dein Fleisch ist mein Wort (1992)

Friederike Kretzen
geboren 1956 in Leverkusen, studierte Soziologie in Gießen und arbeitete nach dem Studienabschluß als

Dramaturgin am Bayerischen Staatstheater. 1983 zog sie nach Basel, wo sie seitdem als freie Schriftstellerin lebt.

Werke: Die Souffleuse (1989), Die Probe (1991), Ihr blöden Weiber (1993)

Mariella Mehr

geboren 1947 in Zürich, wuchs vor allem in der Innerschweiz auf. Sie besuchte eine Hotelfachschule, wechselte dann zum Journalismus und war viele Jahre für das Tages-Anzeiger Magazin, für die Wochenzeitung WoZ, die Berner Zeitung und andere Tageszeitungen tätig.

Werke: Steinzeit (1981), in diesen traum schlendert ein roter findling (Gedichte, 1983), Das Licht der Frau (1984), Das ausgeblutete Gewicht. Ein Requiem für Silvia Z. (1986), Kinder der Landstraße. Ein Hilfswerk, ein Theater und die Folgen (1987), Rückblitze (1990), Anni B. Ein Stück (1992), Zeus: oder der Zwillingston (1994)

Ilma Rakusa

geboren 1946 in Rimavska Sobota (ČSSR), verbrachte ihre Kindheit in Budapest, Ljubljana und Triest und übersiedelte dann nach Zürich. Nach dem Studium der Slavistik und Romanistik in Zürich, Paris und Leningrad promovierte sie 1971 in Bern. Bis 1977 arbeitete sie als Assistentin am Slavischen Seminar der Universität Zürich und ist seither als Lehrbeauftragte und freiberuflich als Schriftstellerin, Übersetzerin und Publizistin tätig. Sie lebt mit ihrem Sohn in Zürich.

Werke: Wie Winter (Gedichte, 1977), Die Insel (1982),

Miramar (1986), Steppe (1990), Leben (Fünfzehn Akronyme, 1990), Les mots/morts (Gedichte, 1992), Jim (Sieben Dramolette, 1993)
Übersetzungen von Marina Zwetajewa, Danilo Kiš, Marguerite Duras, Leslie Kaplan, Alexej Remisow, Michail Prischwin. Materialienband über Marguerite Duras

Kristin T. Schnider
geboren 1960 in London, lebt in Zürich.
Werke: Die Kodiererin (1990), Din-A (1991)

Liliane Studer
geboren 1951 in Bern, studierte nach der Ausbildung zur Sozialarbeiterin Germanistik und Geschichte in Bern. 1988 Lizentiat über Marlen Haushofer. Mitarbeiterin Dokumentationsstelle für Frauenfragen, freie Literaturkritikerin und Publizistin. Sekretariat Netzwerk schreibender Frauen. Lebt und arbeitet in Bern.
Werke: Essay über Ellen West, in: Duda/Pusch, Wahnsinnsfrauen (1992), Herausgeberin von: Marc Philippe Meystre, Andere Inseln deiner Sehnsucht (1990)

Yla Margrit von Dach
geboren 1936, verbrachte ihre Kindheit und erste Schulzeit in Lyss. Nach dem Abschluß des Lehrerinnenseminars in Bern unterrichtete sie in der Region Biel. Anschließend Ausbildung und Arbeit als Journalistin beim Tages-Anzeiger in Zürich, Publizistikdiplom an der Schule für Angewandte Linguistik. Vorübergehend Mitarbeiterin bei Pro Helvetia in

Zürich und am Centre Culturel Suisse in Paris. Sie lebt seit 1977 als freischaffende literarische Übersetzerin in Paris und Biel. Zusammenarbeit mit dem Centre de Traduction de Production Littéraire der Universität Lausanne.
Werke: Geschichten vom Fräulein – ein Wörter-Buch (1982), Niemands Tage-Buch – ein Trauman (1990)
Übersetzungen von Marie-Claire Dewarrat, Monique Laederach, Catherine Safonoff, Michel Campiche, François Debluë, Alexandre Voisard

Elisabeth Wandeler-Deck

geboren 1939 in Zürich, aufgewachsen in Zug; Architekturstudium; Heirat; Arbeit als Architektin; Meret 1967 und Eva 1969; Scheidung. Nach dem Studium der Soziologie und Psychologie baute sie ab 1978 die Psychologische Beratungsstelle für Frauen Zürich und eine eigene Praxis auf. Lehrtätigkeit als Soziologin an der Schule für Soziale Arbeit Zürich, am Psychoanalytischen Seminar Zürich und an der Ingenieurschule Biel. Seit 1976 ist sie als Schriftstellerin tätig, auch in Zusammenarbeit mit verschiedenen Komponisten oder improvisierenden MusikerInnen. Auftritte als improvisierende Musikerin.
Werke: Merzbilder mit Verkehr (1989)
Die Farbe des Klangs des Bildes in der Stadt. Film von Urs Graf, Elisabeth Wandeler-Deck, Alfred Zimmerlin (1993)

Sigrid Weigel

geboren 1950, Literaturwissenschaftlerin, Professorin am Deutschen Seminar der Universität Zürich.

Werke: Ingeborg Bachmann Sonderband Text + Kritik (1984), Die Stimme der Medusa. Schreibweisen in der Gegenwartsliteratur von Frauen (1987), Topographien der Geschlechter. Kulturgeschichtliche Studien zur Literatur (1990), Leib- und Bildraum. Lektüren nach Benjamin (1992), Bilder des kulturellen Gedächtnisses. Beiträge zur Gegenwartsliteratur (1993)

Malika Mokeddem
Die blauen Menschen
Roman

Leila wächst in der Zeit der algerischen
Unabhängigkeitskämpfe in einem kleinen Ort am
Rande der Wüste auf. Sie erfährt am eigenen Leib die
Hoffnungen, die Ängste und die Widersprüche dieser
Phase, die Euphorie nach der Unabhängigkeit und die
Enttäuschungen. Durch die Erzählungen ihrer
Großmutter, einer seßhaft gewordenen Nomadin,
lernt sie die Tradition ihrer Vorfahren, der blauen
Menschen, kennen. Sie werden ihr zum Symbol für die
Suche nach Selbstbestimmung.

Enel Melberg
Der elfte Tag
Roman

Außerhalb von Raum und Zeit, in himmlischen
Sphären, läßt Enel Melberg sieben Schriftstellerinnen –
Virginia Woolf, Vita Sackville-West, die drei Brontë-
Schwestern, Karen Blixen und Viktoria Benedictsson –
zusammentreffen. Sie reden über ihr Leben und
Schreiben, aber vor allem erzählen sie sich
Geschichten: Geschichten wie aus Tausendundeiner
Nacht, von Mrs. Dalloway und von Joanna, die
eigentlich John heißt, von einer Polizistin, die einem
Joggingpfadmörder das Handwerk legt. Erdichtete
und authentische Passagen fließen zu einer
unterhaltsamen, witzigen Komposition zusammen.

Delphica
Das Gastmahl der Xanthippe
Aufgezeichnet von Vera Prill, Margarethe Rudorff und
Erika Slawinski, mit einem Nachwort von Pike
Biermann

Vier berühmte Frauen der Antike, Xanthippe,
Diotima, Aspasia und Sappho, treffen sich im
20. Jahrhundert in Gretchens Café in der Nähe des
Kurfürstendamms. Scharfzüngig üben sie Kritik am
Zustand der Welt und insbesondere am Verhalten der
Männer. Doch lassen es die vier vornehmen und
wahrheitsliebenden Frauen nicht dabei bewenden und
nehmen auch das eigene Geschlecht unter die Lupe.

Jane Austen
Frederic und Elfrida
Ein Roman
Englisch-Deutsch, mit einem Nachwort von
Elfi Bettinger und Friedrich Tontsch

Diese vergnügliche Geschichte, von der Autorin
psychologisch feinfühliger Gesellschaftsromane im
Alter von zwölf Jahren verfaßt, handelt von der
jahrzehntelangen Verlobungszeit des empfindsamen
Titelpaares und seinem bizarr-komischen
Freundeskreis. Die Leserin erfährt einiges über die
Gefahren der Schüchternheit, den Nutzen der
Ohnmacht, die Umgangsformen und das
Standesbewußtsein der damaligen Zeit.
Ein Romanwinzling, der es in sich hat.